アメリカの未解決問題

竹田ダニエル
Takeda Daniel
三牧聖子
Mimaki Seiko

a pilot of wi

目次

章扉作成／MOTHER

はじめに――カマラ・ハリスの敗北で「リベラルは終わった」のか？

三牧聖子

◆民主主義より経済――トランプ再選の衝撃

２０２４年11月5日に投開票が行われたアメリカ大統領選は、共和党候補ドナルド・トランプが民主党候補カマラ・ハリスに勝利した。２０１６年大統領選でトランプの主要な支持層は白人労働者だったが、今回トランプは白人票を固めた上で、ヒスパニック系やアジア系、黒人などマイノリティの労働者にまで支持を広げた。

「4年前に民主主義を否定した前大統領が、より多くの有権者に支持された」――トランプ再選は、民主党支持者に衝撃をもって受け止められた。２０２０年大統領選での敗北後、トランプは「死者による投票が大量にあった」「投票機が不正に操作された」等と主張して一方的に勝利を宣言。選挙結果をめぐって数十件の訴訟を起こした。司法省が調査の結果、「大規模な不正の証拠は見つからなかった」と結論づけた後もトランプは主張を取り下げず、「1月6日に大規模な抗議集会がある。ここに集まれ、激しくいけ！」等とツイッター（現X）に投稿。連邦議会で選挙結果が最終的に認定される2021年1月6日の朝、「（副大統領の）マイク・ペンスのやるべきことは（各州の選挙結果を認定せず）それを各州に送り返すことだ」というトランプのツイートに促され、武装したトランプ支持者がバリケードを突破して議事堂に押し入った。この事件を通じて警察官1人を含む5人が死亡し、140人以上の警察官や警備員が負傷した。また、襲撃に加わった支持者ら1000人以上が訴追された。

4年前のこの出来事を思い返せば、今回の大統領選の衝撃は、民主主義の結果を一度否定した前大統領が、選挙を通じて、民主主義的に権力の座を奪還したことにある。ハリスは、2020年大統領選後にトランプがもたらした混乱と暴力を絶えず喚起し、選挙戦の最終盤では、トランプがヒトラーを称賛していたという元側近の証言に言及しながら「民主主義を守るための投票」を訴えたが、敗北した。多くの有権者が、「暮らしは4年前に比べて良くなったか？」と問い、「バイデン政権のもとで悪化したインフレを、バイデン政権の副大統領だったハリスでは抑えることはできない」と訴えたトランプのほうに説得力を見出したのである。CBSニュースの出口調査によれば、物価高で家計が苦しいと感じる人の割合は4分の3にのぼり、変化を期待する有権者の73%がトランプに投票した。[*1]
敗北したハリスは、11月6日、ワシントンDCにある母校ハワード大学で、「敗北を受け入れなければならない。平和的な政権移行を助けるとトランプ氏に伝えた」と述べた。

◆「労働者を忘れた民主党」

アメリカの有権者の選択をどう理解すべきだろうか。民主党系の急進左派バーニー・サンダース上院議員の分析が話題を呼んでいる。2016年と2020年、民主党の大統領候補を決める予備選に挑戦し、ヒラリー・クリントンやバイデンを「既得権益層」と批判し、国民皆保険や最低賃金の引き上げなどを主張し、「サンダース旋風」と呼ばれる熱狂的な支持を集めた議員だ。サンダースの目には、ハリスの選挙キャンペーンは既得権益層のほうばかりを向いたものに映じていたようだ。ハリスの敗北が明確になってほどなく、Xに投稿された声明文でサンダースは、「労働者階級を見捨ててきた民主党が、労働者階級から見捨てられたのは驚きに値しない」と断じた。*2

確かにトランプの経済政策については、法外な高関税政策をはじめ、インフレをむしろ加速させ、労働者の生活をより苦しくする可能性が高いと経済学者も指摘しているところだ。２０２４年10月、ノーベル経済学賞を受賞したダロン・アセモグル、マサチューセッツ工科大学（ＭＩＴ）教授を含め、経済学者たちは連名で、トランプの経済政策を批判し、ハリスの経済政策を支持する声明を発表した。*3

しかし、政策面での曖昧さにもかかわらず、トランプが、より多くの有権者から、経済的な苦境から自分たちを救ってくれる政治家として信任されたことも厳然たる事実だ。経済政策について、ハリスは住宅購入支援、食品価格の引き下げ、子育て世帯への税額控除などを提案したが、それを説明するときに「ノーベル経済学賞の学者が自分の政策を支持している」「ゴールドマンサックスが支持している」といった言い方を繰り返した。中間層向けの経済政策を出しておきながら、庶民感覚からかけ離れた権威やエリートのお墨付きを強調して経済政策を主張する。この態度に表れているように、ハリス陣営は、共和党に流れつつある労働者層の支持をいかに引き留めるのかという、心理面での研究が足りなかったのではないか。

ハリス陣営には大企業からの献金も殺到し、献金額でトランプ陣営を圧倒したが、これがハリスの選挙キャンペーンに小さくない影響を与えたのではないかとも見られている。バイデン撤退後、ハリスが後継候補として有力視される中で、10日間でハリス陣営には大企業のCEO ら5000人から約200万ドル（約2億8600万円）もの献金が集まった。大統領候補に正式指名された当初、ハリスは不公正な値上げで巨額の利益をあげる大企業を厳しく取り締まる考えを打ち出すなど、物価高に苦しむ国民への訴えを重視していたが、その後、大手企業やウォール街、シリコンバレーとの関係を強化するにつれ、反大企業の主張をトーンダウンさせた[*4]。中間層の生活立て直しに関する明確なメッセージを打ち出せない中、トランプ2期目がいかに民主主義にとって脅威かを訴えるハリスの主張はどこか抽象的で、多くの有権者の心を捉えることにはならなかった。

◆「リベラル」を放棄していったハリス

大統領選での敗北を受けて、民主党やその支持者の間では、「ハリスはリベラルすぎたから負けた」という分析も広がっている。ジェンダー差別や気候変動問題など、少数のリベラルな有権者しか関心を寄せない問題を重視しすぎて、一般的な有権者を遠ざけたというのだ。

しかしこうした見方はハリスの選挙戦の実態に即したものとは言い難い。確かにハリスは2019年、民主党の大統領候補を決める予備選に挑戦した際には、野心的な気候変動対策を掲げ、刑務所や移民・関税執行局（ICE）施設に収監されている人も含め、すべてのトランスジェンダー成人に対する性別適合処置を支持する立場も打ち出していた。[*5] 2019年に出版された自伝 *The Truths We Hold: An American Journey*（『私たちの真実　アメリカン・ジャーニー』光文社、2021年）では、トランプ政権の排他的な不法移民対策を強く批判し、「移民の国」アメリカとしての寛容性を保つことの大事さを主張していた。

しかし、これらのリベラルな立場は、今回の大統領選ではほとんど放棄された。共和党は、LGBTQの権利や不法移民に関するハリスの過去の発言をあげつらい、「過激なリベラル」と攻撃し、中道派の離反をもたらそうとした。トランプ陣営は「カマラは彼らのため、トランプ大統領はあなたのため（Kamala Is For They/Them. President Trump Is

For You)」というスローガンを掲げ、「カマラが大統領になれば、我々の税金が受刑者の性別適合手術に使われる」「カマラが大統領になれば、我々の税金が不法移民の医療に使われる」といった虚偽や誇張を含んだ選挙広告を頻繁に放映した。[*6]
こうした状況で、ハリス陣営もリベラルな主張を降ろし、中道に主張を寄せたほうが戦略として得策と踏んだのだろう。気候変動についてハリスは、バイデン政権が記録的な石油・ガス生産量を実現したこと、環境リスクが指摘されるフラッキング（水圧破砕法）と呼ばれる採掘方法を拡大させたことを誇らしげに掲げた。不法移民問題については、南部国境の厳格な管理を打ち出し、トランプよりも強固に国境を守ると主張すらした。トランスジェンダーの問題は、選挙戦でほとんど語らなかった。[*7]こうした態度は、ハリスにリベラルな政策を打ち出すこと、少なくともリベラルさを維持することを期待していた人たちの幻滅を生んでいった。
民主主義や人権は、空腹を満たすことはないが、損なわれて初めてその重大さに気づくものだ。今回トランプは、もっぱら選挙の争点をインフレや不法移民問題、人々の暮らしや体感治安の問題に見定め、勝利を収めた。しかし、今回のトランプ勝利を受けて、「リベラルは時代遅れになった」とまで断ずるのは早計だろう。選挙戦の実態を見れば、ハリスは「リベラルすぎる」どころか、リベラルな主張を貫き通せていない面が多分にあった。

また、たとえ他者への寛容や普遍的人権を掲げる主張が選挙で人々に受けず、票にならない事実があったとしても、それは、これらの価値が必要でないことを意味しない。民主党がリベラル政党であり続けようとするならば、これらの主張を降ろしたり、トーンダウンさせたりするのではなく、どのようにしたらこれらの価値の重要性を人々に理解してもらえるのか、根本的に再考することが鍵になってくる。

◆裏切られたイスラエル政策転換への期待

9月下旬から10月にかけて、ハリス陣営にとって予想もしていなかった事態が起こった。アラブ系有権者を対象に行われた複数の世論調査で、トランプがハリスを僅差で上回ったのだ。[*8] ハリス陣営にとっては衝撃的な事態だった。トランプ政権時代を思い出せば、就任早々、イスラム教徒が多数を占める7カ国からの入国を制限・禁止する大統領令を発し、さらにはアメリカ大使館をエルサレムに移転するなど、多くの親イスラエル・反ムスリムの政策がとられた。ハリス陣営が、アラブ系がトランプを支持するはずがないと考えていたとしても無理はない。
背景には、パレスチナ自治区ガザの人道危機の悪化があった。２０２３年10月７日、ガザを拠点とするハマスの越境攻撃で１１００人もの犠牲者が出たことを受け、イスラエルはガザで軍事行動を展開し続けてきた。軍事行動開始から１年経《た》った２０２４年10月初頭、ガザで医療支援に携わってきたアメリカの医療従事者約１００人が、恒久的な停戦が実現されるまで、イスラエルへの武器供与を停止するようバイデン政権に書簡で要求した。[*9] 書簡はこう述べていた。

バイデン大統領、ハリス副大統領、帰国後私たちを苦しめている悪夢を、おふたりにも見てほしいのです。アメリカの武器によって重傷を負い、手足を失った子どもたち、その子どもたちを救ってほしいと懇願する母親たちが夢に出てくるのです……なぜあなた方が、意図的に子どもを大量に殺害している国に武器を供給し続けるのか、私たちにはまったく理解できません。

ガザ保健省は、この時点で4万2000人以上のパレスチナ人が死亡したと発表していたが、署名した医療従事者らは、実際の死者数は全人口の約5・4%に当たる約11万9000人とみられるとの考えも示していた。

このイスラエルの軍事行動を支え続けてきたのが、その武器弾薬輸送の7割を担うアメリカだ。アラブ系市民の間では、パレスチナ人の犠牲が甚大なものになってもイスラエルへの武器弾薬輸送を続けるバイデン政権への怒りが高まってきた。2024年8月、バイデンからハリスに民主党の大統領候補が変わったとき、アラブ系の間にはイスラエル政策の転換への期待も生まれたが、ハリスは、パレスチナ市民の犠牲の多さや、ガザでの人道危機を止める必要性に言及するばかりで、アラブ系が最も問題視するイスラエルへの武器弾薬輸送の停止や条件付けについては、「しない」と明言し、実質的な政策転換を拒否してきた。*10

こうしたハリスのどっちつかずの態度は、大統領選の勝利のために、ユダヤ系からの支持と、アラブ系からの支持、どちらもゆるがせにできない民主党大統領候補としての難しい事情を映し出したものだったが、それだけではない。ハリスは、カリフォルニア州の地方検事時代からユダヤ系コミュニティと親しい関係を築き、上院議員時代も一貫して、親イスラエルの投票行動をとってきた。

2021年3月、副大統領として初めてイスラエルのネタニヤフ首相と電話会談したとき、ハリスは国際刑事裁判所がパレスチナ人に対する戦争犯罪についてイスラエル人容疑者を捜査することには反対だと明言した。[*11]「それがいかなる組織でも、イスラエルの正当性が否定されるような場合には、イスラエルが平等に扱われるよう、立ち上がり、声を上げなければならない」というのがハリスの信念だった。こうしたハリス自身のイスラエルへの思い入れも、イスラエル政策の転換を難しくしてきたと言える。[*12]

◆リベラルな有権者を遠ざけたチェイニー親子との結託

さらにこのたびの大統領選でリベラルな有権者をハリスから遠ざけたのが、共和党重鎮との選挙協力だった。バラク・オバマ元大統領夫妻やビル・クリントン元大統領夫妻、セレブリティに加え、ハリスが選挙戦の盟友に選んだのは、共和党で反トランプ派の急《きゅう》先鋒《せんぽう》リズ・チェイニー元連邦下院議員だった。共和党の重鎮だったチェイニーだが、トランプが2020年大統領選で敗北を認めず、支持者が連邦議会議事堂襲撃事件を起こして以来、トランプを公然と批判し、今回の選挙でもハリス支持を公言してきた。リズの父親のディック・チェイニーも9月にハリス支持を表明し、ハリス陣営は「自分たちの間には、差異より共通点が多い」と歓迎の意向を示した。

しかし選挙結果を見れば、この戦略は的を外していたと言わざるを得ない。ハリスが獲得した共和党支持者の票は5％で、バイデンが2020年にトランプを破った際に獲得した6％を下回り、今回の選挙でトランプを支持した民主党支持者4％をわずかに上回ったにすぎなかった。*13

この数字が示すように、チェイニーとの共闘は、どれだけの有権者に響くものだったかは極めて疑わしい。リズ・チェイニーは、2000年代のジョージ・W・ブッシュ（以下、ブッシュJr.）政権時代に国務省に勤務しており、イスラム原理主義組織アルカイダが起こした9・11同時多発テロ事件を受け、ブッシュ政権が「テロとの戦い」を開始すると、それを強く支持し、「テロ容疑者」への過酷な拷問を擁護したことで知られる。

父親のディック・チェイニーのレガシーはさらに破滅的だ。9・11後、テロ実行犯の引き渡しに応じなかったとして、まずはアフガニスタンが、その後、アルカイダとの関係が疑われたイラクのフセイン政権が「テロとの戦い」の標的とされた。実際には関係がなかった両者を恣意的に結びつけ、「フセインが大量破壊兵器を保有していることに疑いはない」と断言し、イラク開戦への道を決定づけたのは当時の副大統領ディックだった。結局、イラクとアルカイダとの結びつきも、イラクの大量破壊兵器保持も嘘《うそ》だったが、世界規模で展開された「テロとの戦い」でこれまでに40万超の市民が犠牲になっている。
ハリス陣営は、トランプという喫緊の脅威を前にしたとき、チェイニー親子も相対的な悪に過ぎず、戦略的に手を結びうるという判断をしたのだろう。しかし、中東のガザやレバノンで多くの市民が、アメリカの武器弾薬に支えられたイスラエルの軍事行動で殺される中で、かつて「民主主義」を錦の御旗《みはた》にした軍事行動で中東諸国に多くの犠牲を生んだチェイニー親子を共闘相手に選んだのは、明らかに失敗だった。ハリスとチェイニーとの共闘には、イスラム教徒のコミュニティから批判や懸念の声が上がった。[*14]
結果的に、共和党と民主党の支持が拮抗《きっこう》する激戦州のひとつ、ミシガン州などで、多くのアラブ・ムスリム票がイスラエル批判を明確にした緑の党のジル・スタインに流れた。[*15]
「民主主義の脅威」とトランプを批判してきた民主党だが、反トランプを掲げる勢力とは誰とでも手を組む姿勢を取ることにより、自らのうちに、民主主義や平和への脅威を呼び込んでいないか、自省することが必要だった。中東問題に関しては、ハリスは「リベラルすぎた」ためではなく、リベラルな原理原則をあまりに犠牲にしていると多くの有権者が感じたために、有権者に見放されていったといえる。
トランプ陣営は、ハリスの選挙キャンペーンがアラブ系住民とのコミュニケーションに失敗していることを見逃さなかった。10月下旬、ミシガン州デトロイトの郊外で集会を開催したトランプは、バイデン政権の中東政策に憤る地域のイスラム教の指導者を壇上に迎えていた。トランプは、「イスラム教徒やアラブ系の有権者は、中東で終わりのない戦争を止め、平和を取り戻すことを望んでいる。彼らの望みはそれだけだ」と述べ、これに応えて壇上のイスラム教の指導者たちは、「トランプは、中東での戦争を終わらせると約束した」と、トランプ支持を表明した。[*16]

◆トランプ時代に求められる日本の覚悟

トランプが語る「中東の平和」の内実が、アラブ系住民が期待したようなものではないことは、すでに明らかになりつつある。

大統領選に勝利したトランプは早速、閣僚人事を始めているが、親イスラエル派の起用方針は明らかだ。国務長官に指名されたマルコ・ルビオ上院議員は、イスラエルはイスラム組織ハマスを「徹底的に」破壊すべきであり、「彼らは狂暴な動物」だとする考えの持ち主だ。駐イスラエル大使に指名された元アーカンソー州知事のマイク・ハッカビーは、イスラエルを「神がユダヤ人に与えた土地」と信じるキリスト教福音派の元牧師で、「『パレスチナ人』など存在しない」と公言してきた。国際社会が違法と見なすイスラエル人によるパレスチナ自治区ヨルダン川西岸の入植も容認する立場を打ち出している。国連大使に指名されたエリス・ステファニク下院議員は、全米各地の大学キャンパスで展開されてきたパレスチナ連帯デモを「反ユダヤ主義」と強く批判し、その弾圧を先頭に立って担ってきた存在だ。「国連が反ユダヤ主義で腐敗している」として、国連への資金拠出の停止も訴えている。同盟国が応分の負担をしない限り、同盟関係を見直すと公言し、日本を含む世界の同盟国を震撼《しんかん》させてきたトランプだが、イスラエル支援だけは絶対的な例外のようだ。

ハリス陣営は、「トランプが大統領になればガザはもっと悲惨なことになる」と訴え、アラブ系市民の離反を防ごうとした。トランプ政権の人事を見ても、この主張は正しかったといえるのかもしれない。しかしバイデンやハリスがそのように訴えている間に、ガザはこれ以上の悲惨さなど想像もできない極限状況に陥ってきた。対イスラエル支援をめぐっては、現状のアメリカには「悪か、よりましな悪か」という選択肢しか存在しない。そしてこのたびの選挙では、ガザに心を寄せる多くの市民が、「ジェノサイドという絶対悪に加担してきた民主党を、よりましな悪とみなして投票することはできない」と判断した。

ガザ危機で露呈してきたアメリカの道徳的な混乱状況は、アメリカとの「価値の共有」「完全な一致」をうたってきた日本にもさまざまな再検討を迫っている。日本政府が掲げてきた「人権」や「法の支配」、「ルールに基づく国際秩序」は、単なる対米追随のレトリックだったのか。たとえ日米の「完全な一致」を乱すことになっても、貫くだけの普遍性を持ったものなのか。今、私たちに求められているのは、アメリカとの間にある価値観の齟《そ》齬《ご》を率直に認め、命を奪うのではなく、守るための外交を追求するようアメリカに働きかけることではないだろうか。

本書は、ガザでのイスラエルの軍事行動が始まった２０２３年10月７日から、大統領選の投開票日の２０２４年11月５日に至るまでのアメリカで、どのような論争や運動が生まれてきたかを、アメリカでジャーナリズムを学び、実践しているZ世代ライター、竹田ダニエルさんとの対談で記録し、その意味を探ってきたものだ。ガザで進行し続ける虐殺、それを支援し続ける民主党バイデン政権をめぐり、本来は民主党を支持するリベラルやZ世代内部で起こってきた論争をリアルタイムで記録・分析することを主眼としたため、あくまでも当時の状況や情報をベースに語っているところがあるが、それも本書の魅力としてご理解いただけると幸いに思う。
本書が世界平和を願い、アメリカと世界、そして日本の未来を見極めようとする読者の助けになることを心から願うとともに、本書の刊行をあらゆる方面から全力で支えてくれた集英社新書編集部の野呂望子《のぞみ》さんに、心からの感謝を捧げたい。
２０２４年12月

第1章
日本から見えないアメリカ

アカデミー賞授賞式にて、
ガザでの即時停戦を求める
赤いピンバッジをつけた
ビリー・アイリッシュ（右）と
フィニアス・オコネル。
2024年3月10日。

写真提供／ユニフォトプレス

◆アカデミー賞授賞式が暴いた多様性の光と影

三牧　2024年3月に行われたアカデミー賞授賞式は、アメリカの多様性の実態、さらには欺瞞《ぎまん》を示す好例だったと思います。

まず印象的だったのは、あれほど多様性を称賛し、セレブリティの「政治的発言」を称揚してきたアメリカのエンターテインメント業界でも、イスラエルとパレスチナ自治区ガザ問題に関しては、政治的意見の多様性が許されず、イスラエル批判を行ったセレブリティが批判され、意見が封殺されることが露呈した点です。

アカデミー賞授賞式に参加したセレブリティの中には、ガザ停戦を訴えるピンバッジを着用する人もいましたが、アメリカの強力な軍事支援のもと、イスラエルの軍事行動によって、その時点で3万を超すパレスチナ人が亡くなっている事態を考えれば、控えめすぎる停戦アピールでした。そうした中、沈黙を破ったのが、『関心領域（The Zone of Interest）』で国際長編映画賞と音響賞を受賞したユダヤ系イギリス人監督ジョナサン・グレイザーでした。彼は、受賞スピーチで「人間性の喪失が最悪の事態を招くということを伝えている」と述べた上で、こう続けました。

「私たちは今、ユダヤ人であること、そしてホロコーストが乗っ取られ、罪のない多くの人々を巻き込む紛争の原因となった占領を正当化することを拒む人間として、ここに立っています。10月7日に殺害されたイスラエルの人々、現在攻撃されているガザの人たち、皆が人間性の喪失による犠牲者です」

ホロコーストを経験し、その経験を集団的アイデンティティの中核に据えてきたユダヤ人だからこそ、ガザで進行している大量虐殺は許すことはできないという決意に満ちたスピーチでした。壇上でスピーチを行ったセレブリティの中で、ガザに言及したのはグレイザーだけでした。

彼の受賞作『関心領域』は、ガザ情勢に沈黙する人々への問いを含む作品でもあると私は感じました。アウシュビッツ収容所の隣に住んだ同収容所の所長ルドルフ・ヘスとその家族を題材にした映画なのですが、ヘス一家の「平穏」な生活は、すぐそばで行われているユダヤ人の大量虐殺を「関心領域」の外に置くことで成り立っていました。映画にユダヤ人はほとんど映し出されませんが、ヘス一家の生活がユダヤ人の物品や労働力の搾取の上に成り立っていることをうかがわせる演出は随所に施されています。こうした演出により、ユダヤ人に対する明確な加害者であり、ユダヤ人からの搾取によって利益を得ていた存在でありながら、その苦しみにはまったく関心を寄せなかったヘス一家の罪深さがよく表現されています。

ガザで続く無差別的な軍事作戦。ガザでの軍事封鎖やヨルダン川西岸におけるイスラエルによる暴力的な入植活動。そうした現実を知りながら、軍事支援を続けてきたアメリカ政府。イスラエルによる軍事作戦や占領に加担し、そこから利益を得てきた企業。人権や多様性をうたいながら、ガザの問題には沈黙を続ける多くのセレブリティたち。グレイザーの批判は、現代のガザに関する沈黙にも当てはまるところがあるのではないでしょうか。

しかし授賞式でのグレイザーの演説は、「ナチスとイスラエルを同一視している」「世界中で反ユダヤ主義を助長する」とユダヤ系コミュニティからの大反発を巻き起こしました。すぐさまハリウッドのユダヤ系クリエイターらが抗議文書を公開し、賛同者はほどなく1000名を超えました。もっとも4月に入って、150名超のユダヤ系クリエイターが連名で、グレイザーの発言を支持する公開文書を発表しました。この業界が大切にすべき、言論の自由や異議申し立てを抑圧する風潮に抗《あらが》う、と。この頃から、アメリカの世論調査でも、イスラエルのガザでの軍事行動への反対が賛成を上回るようになり、アメリカがイスラエルに軍事支援することへの懐疑や反対も大きくなってきていました。

また、ハリウッド的な多様性の欺瞞についていえば、『哀れなるものたち』で主演女優賞を受賞したエマ・ストーンと、『オッペンハイマー』で助演男優賞を受賞したロバート・ダウニー・Jr.の振る舞いが、「アジア人蔑視ではないか」との批判を呼びました。受賞者に贈られる「オスカー像」は前年の受賞者から手渡されるのが通例ですが、ストーンは、中国系マレーシア人俳優ミシェル・ヨーからは受け取らず、ジェニファー・ローレンスから受け取りました。ダウニー・Jr.は中国系ベトナム人としてアメリカに渡った俳優キー・ホイ・クァンからトロフィーを受け取ると、目も合わせずにその場を立ち去り、ほかの俳優らと握手やあいさつを交わしてそのままスピーチを始めました。

ストーンやダウニー・Jr.には人種差別的な意図はなかったのかもしれません。しかしふたりの俳優を批判した人々、とりわけ同様の「透明化」の経験があるアジア系の人々が問題視したのは、まさにそれが「明確な人種差別の意図があるかまでは判別できない、微妙な差別である」ことでした。同じアジア系として多くの日本人がこの「透明化」に怒りを表明したことは当然だと思いますが、他方で、アメリカの「多様性」はそもそも浅薄なものであり、それを見習おうとしてきた日本のリベラルはおかしいと、日本の現状を肯定するような、保守派のおなじみの論法が出てきたことにも違和感を覚えました。

今回のアカデミー賞授賞式をめぐる一連の論争、またそれに対する日本の反応について、ダニエルさんはどう見ていますか。

竹田 日本での受け止め方については、おっしゃるとおりです。ハリウッドと一口に言っても、映画製作の資金援助をする白人男性のプロデューサーから、今回主演女優賞にノミネートされたネイティブアメリカンのリリー・グラッドストーンのような業界への新規参入者、主にインディペンデントで映画を作っている『エブリシング・エブリウェア・オール・アット・ワンス（通称エブエブ）』のダニエルズ監督（ダニエル・クワンとダニエル・シャイナート）など、本当にいろいろな人たちがいます。加えて、多様化著しい若者の視聴者層も影響力を強めている。

日本の政界と同じで、白人の高齢男性たちが牛耳ってきたアメリカの映画芸術科学アカデミーは、あまり根本的な多様性の推進をしてきませんでした。アメリカが日本と違うのは、その状況を変えようとする声が当事者だけでなく、社会全体で多方面から上がっていること。私がいつも気になっているのは、日本ではどうも「白人中心社会を維持したい層」と、「それを変えたい層」が一緒くたに「アメリカ」として認識されているということです。

一方で、アジア系が白人から無視や疎外をされてきた歴史が、今回、日本でここまで話題になったのには驚きましたし、変化の兆しを感じました。もちろん「この程度は差別じゃない」とか「気にしすぎ」という人も一定数はいましたが、少し前なら、話題にもならなかったでしょう。このところ、アメリカ在住のアジア系女性や有名人がアジア系への厳然たる差別の事実について発言するようになったので、日本にいる人たちも、「そういうことがあるんだ」と徐々に認識するようになり、今回の反応につながったのでしょうけれど、2021年、コロナ・パンデミックに関連したアジア系差別に対抗して起きた「Stop Asian Hate」運動では、「私たちは日本人だから関係ない」という反応が多かったことを思うと、隔世の感があります。

日本人の中には、アカデミー賞を受賞したミシェル・ヨーやキー・ホイ・クァンには「アメリカに認められた」人たち、というイメージがあるのだと思います。アカデミーに認められたんだから、自分たちも「すごい」と言っていい人たちなのだ、と。そういうすごい人たちでもこんなに冷たい仕打ちを受けるのか、これはひどい、と言えるようになった雰囲気を感じます。いずれにしても、これまで延々と差別されてきたアジア系の人たちのことがここまで話題になったのは、新しいし、ある意味よい兆しだなとは思いつつ……。
三牧　「受け入れられている」と思っていたアメリカに「拒絶された」ことのショックといえば、コロナ・パンデミックが拡大した初期を思い出します。「コロナ・ウイルスは中国から来た」と、当時のトランプ大統領や共和党議員たちが政治的な意図を持って盛んにはやしたてたこともあり、アジア系が差別や暴力の対象になりました。被害者には日系もいましたが、そのときにも日本では、「対象はあくまで中国人であって、我々日本人はアメリカから受け入れてもらっている。日系アメリカ人が攻撃されたのは、中国人と間違われたからだ」という反応が見られました。アジア系を差別し、排斥することの不当性こそが問題なのに、「日本人はアメリカに受け入れられている」ということに固執する、「名誉白人」意識ともいえます。

しかしその後、経済から文化に至るまで、日本はアジア諸国の中で決して優位な地位にはいないことが、目に見える形で明らかになってきた。日本人が根強く抱いてきた「名誉白人」としての意識を成り立たせる客観的な条件がいよいよ消失してきたことで、むしろ以前より、他アジア諸国の人々との関係をフラットに見られるようになってきた。今回、ミシェル・ヨーやキー・ホイ・クァンへの差別に対し、日本からも続々と怒りや批判が上がったことは、ようやくアジア人差別を自分ごととして受け止められるようになってきたということでもあるのかもしれません。

◆日本の保守派に見えていないもの

竹田　でもやっぱりまだ温度差はかなりあるんですよね。アメリカ国内では『ゴジラ－《マイナス》1.0《ワン》』で視覚効果賞を受賞した山崎貴《たかし》監督のスピーチ中、時間制限を告げる音楽を流したことが不適切だったと問題になりました。英語でのスピーチが強制されるような雰囲気はよくない、英語を母語としない人のためにもっと時間を取るべきだといった意見が、英語圏のX（旧Twitter）では盛んに出たことに、アメリカの大きな変化を感じました。

しかしSNSでの反応を見ると、日本人からの「長いスピーチは遮られて当たり前でしょう」というコメントも見受けられて、少し驚きました。「ルールを守るのが当たり前」と強者側に立とうとする人、他人を見下して的外れに批判したい人が日本にはかなり多く、そのことが表れた一例でもあると思います。逆に、アジア系が差別されるアメリカの状況を見た日本の反リベラル的な人たちが、「やっぱりポリコレ（ポリティカル・コレクトネス）なんて意味ないじゃん」と、堂々と的外れな発言をしているのにも辟易《へきえき》しました。

三牧　「ポリコレ」批判の材料を見つけるために、手ぐすね引いて待っているような感じですね。一方、アメリカでは今回、アジア系への無意識の差別が改めて問題とされ、さらには、受賞スピーチが英語に限定されているのはどうなのか、英語が母語ではない人が想定されていないのではないかという議論に発展し、さらには「我々が大切にすべき多様性とは何か」という高次の論争まで生み出されている。日本の保守派はそこを見ないまま、「リベラルがいつも多様性のお手本にしているアメリカだって、所詮この程度だ」と、自分たちがポリコレや多様性について前進しない理由にしようとしている。日本では強者である自分も、アメリカに行けば途端に弱者になりうることが今回突きつけられたにもかかわらず、この構造を問題視するのではなく、「私は日本にいるから大丈夫です」という形で割り切ってしまう。

日本のリベラルも、アメリカを手放しで称賛しているわけではありません。アメリカも、多様性をめぐってはまだまだ不徹底な部分や、見えていない部分も多い。アジア系差別やパレスチナ人差別があることもお話ししてきたとおりです。でも問題に気づいた人たちが次々と声を上げて、問題を指摘し、常に議論がされている。こういう議論の中から、前進が生まれてくる。そういう議論のカルチャーは、日本ももっと取り入れていくべきだと思います。

アメリカはアメリカで多くの問題を抱えているけれど、その問題をしっかりと見据えて乗り越えようとしている人たちもたくさんいる。それなのに、日本ではアメリカの暗部だけを見て「これがアメリカだ」と決めつけ、日本社会が変わらないことの理由に使おうとする人が多い。今回のアカデミー賞をめぐってポリコレへの冷笑や多様性をめぐる揶揄《やゆ》が起きたことも、そうしたアメリカへの決めつけの典型例だと感じます。

竹田　そういう日本人たちって、トランプが大好きなように見えますよね。
三牧　今回の大統領選でトランプが勝利したら、「それ見たことか、アメリカ国民だって、多様な社会なんて望んでいないんだ」と、日本が変わらないための論拠にするでしょうね。
竹田　そのように「多様性」という概念を目の敵にしているような人たちは、私の著書も「どうせ西海岸の金持ちリベラルの話だろ」と内容も読まずに揶揄してきます。
アメリカにもクソみたいな問題はたくさんあるけれど、三牧さんがおっしゃるように、それらを変えようとしている人たちとのせめぎ合いが常に起きている。その実態が日本の人たちにはまったく伝わっていないと感じます。
三牧　そもそも「リベラル」という言葉は誰の、どのような思想や態度を指すのか。ハリウッドの中心にいる白人たちの自己認識は「リベラル」だと思いますが、より多様性に開かれた若い世代からは、彼らは旧勢力とみなされているんでしょうか。
竹田　そもそもアメリカでは、日本で使われるような文脈での「リベラル」や「ポリコレ」は今や死語のように感じます。「リベラル」は、表層的な多様性やホワイト・フェミニズム（白人などマジョリティの女性が権利を主張する動き）のような、実質を伴わない薄っぺらい、「レフティスト（左派）になりきれない」中途半端な姿勢を表す侮辱的な言葉になっている。バイデン的、民主党的な左派、つまりほぼ中道の人たちのことを指しがちというか。

プリンシプル（原理原則）を大事にする人たちはむしろ「レフティスト」と呼ばれています。民主党中道派の人たちの思考や施策が共和党と変わらなくなってきて、リベラルという言葉の定義自体が変質してしまっている。だから日本人が使う「リベラル」には違和感があります。

「ポリコレ」も同様です。日本では表面だけ体裁を整えた意味のないものというニュアンスで使われているのだと思いますが、アメリカでpolitical correctnessは、10年前くらいから真剣な議論では使われなくなりました。

◆「リベラル」の日米差

三牧　「リベラル」に関する日米の語感の違いは、すごく重要ですね。トランプが再選されることの重大さを、日本のメディアは切実に受け止めているようには見えませんでした。

「もしトラ（もしトランプが大統領になったら）」とか「ほぼトラ（ほぼトランプが大統領になりそう）」など、まるで競馬予想のように面白おかしく報道していて。例外的に危機感を持っていたのは、日本の安全保障政策についてでしょうか。すべてを「取引」と捉え、アメリカにとってお金にならないことはしないという考えを持つトランプが大統領になれば、日本の安全を保障してもらうための対価はものすごいものになるかもしれない、そのような危機感です。

しかし、アメリカ国民が懸念していたのは、お金やコストといった次元の話ではなく、もっと原理原則にかかわる問題です。２０２０年に公正な手続きに基づいて行われ、確定された大統領選の結果を否定し、２０２１年１月の連邦議会議事堂襲撃事件に関わったとして起訴もされ、「不法移民はアメリカの血を汚す」など、ナチスドイツを彷彿《ほうふつ》させるような言葉まで使って移民排斥を肯定する人物が、再度権力を握るかもしれないということ。しかもアメリカのような多様な人々から成る国家においてです。ここに、人々がトランプに抱く本質的な恐怖があります。このことが日本では真に理解されていないと感じます。

そして日本にトランプという人間に対して容認的な風潮があることは、日本でそもそも

「多様性は否定されてはならないのだ」という理解が根づいていないことと関係していると思っています。

日本でも杉田水脈《みお》議員のような差別的発言を繰り返す政治家が当選し続けたわけで、トランプ問題は決してアメリカだけの問題ではない。マイノリティの人たちにとっては、彼女のような権力者の存在は大変な脅威です。マジョリティ側もマイノリティの苦境を理解し、さらに「今の日本では誰もがマイノリティになりうる」という視点に立って、マイノリティへの差別発言を繰り返す政治家がいない政治を目指すことが大事なのに、「自分たちはずっと日本で生きていくし、その限りでずっとマジョリティだから大丈夫」という考えに安住してしまう。

竹田　日本人は「自分は一生日本で暮らすから、アメリカのことは関係ない」と考えているのかもしれませんね。アメリカはとにかく多様な国です。ダイバーシティ、ないしは格差の是正の推進を心から願う黒人の若者や、搾取され続けてきたネイティブアメリカンの人たちから、トランプ支持の白人労働者、隠れトランプ支持の表層的「リベラル」な白人富裕層まで、いろいろいる。わざわざ「アメリカはダメだ」と部外者が否定する必要はないし、アメリカで苦しめられている人たちの声を踏みにじってまで「ざまあみろ」と罵る必要はないのではないでしょうか。

それは、南部で避妊や中絶が禁止されることについて「だから南部なんて住まなければいいのに」と、青い州（blue state：民主党を支持する傾向のある州）に住む人たちが言ってはいけないのと同じ論理です。どんなに嫌でも南部や保守的な地域から出られない人は、それぞれ理由があってそこにいるわけですから。

三牧　アメリカでは、2022年の夏に連邦最高裁が人工妊娠中絶の権利を憲法上で保障したロー対ウェイド判決を破棄してから、若い世代の間で、せっかくこれまで先達たちが苦労して獲得してきた自由や権利が、ここで失われてしまうかもしれない、少しずつ積み上げてきた権利獲得の歴史が巻き戻されてしまうのではないかという危機感が高まり、中絶擁護の運動もさまざまに展開されてきました。この危機感は、青い州に住んでいる若者にも共有されています。「自分はリプロダクティブ・ライツ（生殖に関する自己決定権）が保障された安全な州に住んでいるからいいや」ではなく、女性の身体《からだ》に関する自己決定という、原理原則の問題として捉えているのです。ここで、この権利を手放したら、もっと権利が奪われていくかもしれない、と。

中絶問題は、２０２４年の大統領選でも大きな争点のひとつになりました。２０２４年４月、トランプは中絶の権利について「各州が決定すべきだ」とする声明を発表しました。しかし、共和党支持者でもそこまで厳格な中絶制限を支持している人は多くないので、この直後、トランプは各州で相次ぐ人工妊娠中絶の厳しい規制に「行きすぎ」と懸念を表明するなど、有権者の反応を見ながら主張を微妙に変えました。これに対してバイデン大統領は一貫して、中絶の権利を保護する姿勢を打ち出していました。

日本では「リベラル」というと、ポジティブにもネガティブにも「理想の社会に向けた変革を主張する、意識の高い人たち」というイメージで語られていることが多いと思いますが、むしろ今のアメリカでは、口では弱者のために、とか、理想主義的なことを言っていながら、実際には社会における弱者のために根本的に社会を変革しようとする気などなく、経済的余裕があって、今の社会の存続を願う既存勢力というイメージになっているわけですね。アメリカと日本では「リベラル」という言葉の定義がずれてきているというのは、重要な指摘です。

アメリカで社会改革を志向する人たちが、自分の政治的な立場を表す言葉として「レフティスト」や「プログレッシブ（進歩主義者）」といった言葉を好むのは、現在、「リベラル」を名乗っている人たちが、大きな変革は望まない既存勢力になってしまっている現状を批判し、本来のリベラルを取り戻そうとしているからです。アメリカでは絶えずこうしたダイナミズムが起こっているし、そこを見ずしてアメリカの変化を捉えることはできないと思います。
竹田　本当にそうなんです！
三牧　「リベラル」は常に変化している。現状を変えたくない日本のマジョリティは、そうしたダイナミズムを理解せず、「リベラル」を画一的で、不変的なものと見ている。
今のアメリカで「リベラル」の行き詰まりや限界を端的に示しているのは、やはりガザの問題でしょう。先に言及したアカデミー賞授賞式を通しても痛感しました。共和党はもちろん、リベラルが多い民主党でも、ガザ即時停戦やイスラエルへの軍事支援の停止を主張してきた議員は、パレスチナ系議員ラシダ・タリーブら、「スクワッド」と呼ばれる有色人種の女性議員を含む進歩派グループなど、ごくわずかな人数にとどまります。ガザでは今やイスラエルがほとんど一方的に、そして無差別にパレスチナ人を攻撃しているのに、イスラエル支持を崩さない議員も多い。「リベラル」や「進歩派」を自負する議員でも、ムスリムに対する「テロリスト」というイメージ、アラブ人への人種差別意識を無意識のうちに持ってしまっている人も多いと思われます。

◆ガザの苦しみに共感するZ世代

竹田　日本にいる人には、そのあたりは理解しづらいでしょうね。今のアメリカの状況を理解しておけば、今後日本で起きることを回避できるし、抑圧される層の人たちも事態を想定できると思います。
アメリカでは今、TikTokの影響で急進的な若者が増えたと言われています。でも実際には、私たちの世代は子どもの頃から、9・11以降のイスラモフォビア（イスラム嫌悪）や人種差別、オバマ大統領就任後のバックラッシュ（反動）、サンディフック小学校銃乱射事件（2012年12月、コネチカット州のサンディフック小学校で児童20人を含む26人が射殺された、アメリカ史上最悪の小中学校における銃乱射事件）の悲劇やそれを陰謀論だとする社会現象、さらにはコロナ禍の政府や企業対応などを通して、大人、そして政治は自分たちのために何もしてくれないのだと思い知らされている。そのせいでラディカライズされた（急進的になった）というほうが正確だと思います。私たちを守ってくれるべき大人たちは腐っていると心底思っているし、資本主義にも幻滅している。それがZ世代（1990年代半ば～2010年代前半に生まれた世代）、α《アルファ》世代（2010年代前半～2020年代半ばに生まれた世代）の間で広く、そして新たに抱かれている認識なのではないでしょうか。そういう世代がTikTokという媒体を使って自由に言論を展開し、選挙をはじめとした社会のさまざまな場所で変革を起こしているというだけなのです。

日本と同様、アメリカでも最高裁や議会を牛耳っているのは、今の若者たちと価値観をまったく共有していないようなお年寄り。バックラッシュが起きるのは当然です。双方は矛盾しないどころか、相互作用によって若者の急進性が高まっているというのが正しいと思います。

キャンパスでも同じことが起きています。ミレニアル世代（1980年代前半～1990年代半ばに生まれた人）以前の人たちの間では、9・11以降、社会全体に強烈に刷り込まれ煽《あお》られ続けた、ムスリムの人たちに対する根拠のない恐怖心から来る差別や、中東問題から目を背けたいという気持ちが標準化されていましたが、9・11の記憶が薄いZ世代にそのデフォルト設定はほとんど存在しません。知っているのは、9・11以降のアメリカのポピュラーメディアが異常なトーンになっていった、という言い伝えだけ。大人たちから「Never Forget」と書かれたプラカードを持つ人々の様子を見せられて「9・11のあとってこういう雰囲気だったんだよ」と言われたり、「中東の人たちはアメリカの自由を憎んでいた、だから同時多発テロを起こしたんだ」と聞かされたりしても、「え？　どういうこと？」と。
三牧　当時、ブッシュJr.大統領がそうした主張を盛んにしていましたからね。
竹田　我々Z世代には、そのブッシュJr.のコンテクスト自体がわからない人が多いと思います。イスラモフォビアはいまだに根強く残っているものの、上の世代に比べると大きな差がある。冷戦以前と以後の資本主義に対する姿勢と同じくらいの違いがあると思います。
今は中高生でも、自ら教室を抜け出して、何かしらの社会問題に訴えかけるためにクラスメイトたちとマーチング（行進）したりする時代です。それは彼らが幼い頃から、抑圧されているという自己認識を持っているから。黒人コミュニティが人種的な差別と偏見に対する警告を意味する「Woke（ウォーク）」という言葉を作り上げたのと同じ理論で、幼いときから社会システムの差別や抑圧を認識している。だからパレスチナの人たちが受けている抑圧に対しても敏感。そんな彼らを洗脳することは、アメリカ政府にもイスラエル政府にも不可能で、結果として、若者にパレスチナ支持者が増えているというわけです。

今の時代、パレスチナの人たち自身、何が起きているかをTikTokやX、Instagramにリアルタイムで載せることができるし、我々もそれを一次情報として見ることができます。そうなると、政府の捏造《ねつぞう》するプロパガンダは通用しなくなる。従来とはまったく違う時代に突入しているのです。

◆TikTokが生み出した情報格差

三牧　2024年3月13日、アメリカ国内でのTikTokの利用を禁止できる法案が連邦下院で可決されました。TikTokを運営しているのは、中国企業バイトダンス。米中対立が深まる中、TikTokは「敵対国からの安全保障上の脅威」とみなされるようになり、今回の法案は、１８０日以内にアメリカ国内での事業を売却しなければ、アプリの配信などを禁止する内容です（4月の法律成立で事業売却期限は２７０日以内、大統領権限でさらに90日延長可能となった）。

もっとも昨今、TikTok禁止の動きには、これ以外の思惑もあるのではないか、と多くの人々が疑問に感じるようになっています。つまり、ガザで起きている人道危機——それにアメリカは武器弾薬の輸出を通じて、大きく加担している——を、TikTokを使う人々、とりわけガザでの虐殺に抗議の声を上げる若者たちに見せたくないからではないかともいわれているのです。

ガザで起きている人道危機は、Ｆｏｘテレビのような共和党系の保守メディアのみならず、ニューヨーク・タイムズ紙やワシントン・ポスト紙、ＣＮＮなどのリベラルメディアでもぼかして伝えられてきました。また、イスラエル軍が人為的に起こしている飢餓も、あたかも自然発生的に起きているように伝えられてきた。これに対してTikTokはガザから直接発信されるイメージとともにガザの危機的な状況やイスラエル軍の残酷な行動をありありと伝えています。言い方を変えれば、イスラエル政府やイスラエル軍の発表、それらに批判的な検討を加えずにそのまま流す米大手メディアの嘘や欺瞞を明らかにする情報にあふれているのです。

超党派でイスラエルを支持する議員たちにとって、若者たちがTikTokを通じてガザの状況をつぶさに知ることは都合が悪い。TikTokを使いこなして、ガザの状況を届けてきたパレスチナ人記者のモタズ・アザイアのような人物は、その意味ではまさに目の上のたんこぶであり、称賛されている一方で、危険視されてもいる。

モタズのような若いジャーナリストが、命の危険を冒しながらTikTok等ソーシャル・メディアを使いこなしてガザの状況を世界に必死で伝える中、膨大なソーシャル・メディアのフォロワーを誇り、本人にその意思さえあればガザについてのメッセージを広く発信できる立場にあるアメリカのセレブリティの多くが沈黙してきました。

2018年に初めて民主党支持を表明し、中間選挙における民主党の善戦にも影響力があったとすらいわれる歌手のテイラー・スウィフトは、今回も反トランプの旗印を明確にして民主党のハリス副大統領支持を表明しましたが、ガザ問題に関しては沈黙を続けています。彼女についてはどうでしょう。日本で彼女は、「政治的発言をためらわないセレブリティ」の代表格とされ、「民主党の秘策はテイラー・スウィフト」とすら言われていますが、浅い見方なのでしょうか。アメリカでは、とりわけ若い世代には「彼女はもっとガザについて踏み込んで発言すべき」という意見もあるのではないでしょうか。

◆セレブへの称賛と批判は両立する

竹田　テイラーが最初に民主党支持を表明し、それが称賛された6年前と今では、資本主義の加速による格差をはじめとした社会問題の状況が変わってしまったし、人々が懸念する論点も違っている。２０２０年の前と後のアメリカは、まったく違う国になっていると感じます。
２０２０年以前は、連邦最高判事のルース・ベイダー・ギンズバーグやヒラリー・クリントンのような、白人女性を中心としたフェミニズムのトレンドがまだ新しかったし、人気もありました。政治に限らず、#MeToo の運動やいわゆるガールボス的な価値観が流行、話題になりました。今あるフェミニズムの形は、当然この流れを通っていなければ存在しませんでしたが、どうしても権力や資本を持った白人女性が注目されがちな時代ではありました。イーロン・マスクやジェフ・ベゾスなど大富豪の権力を含め、資本主義的なものがまだそこまで過激な批判を浴びておらず、女性や人種的マイノリティの差別が社会の中に構造的に存在しており、何かが抜本的に変わらなければいけないというような認識が全体的にうっすらと広がり始めたタイミングだったと思います。その時期にテイラーが若い女性に向けて「私たちは立ち上がれる」と発信したのは、連帯を促す上で大きな意味があった。

ただ、テイラー自身があそこまでの大富豪になってしまった今はどうなのか。最近の彼女の動きを見ていると、若い女の子が中心ファン層にもかかわらず、何枚もアルバムを買わせるようなリリース戦略を採ったり、公的情報であるプライベートジェットの経路をマップ化した大学生に法的措置を取ると警告したりしていて、資本主義的に「勝利」するためにはなんでもする、という露骨なスタンスがかなり批判されています。彼女が広義の意味で弱者の味方ではないことは、誰の目にも明らかになってしまいました。

三牧　資本主義の観点からテイラーを批判的に見る向きがアメリカで生まれているということは、日本ではあまり伝えられていません。「セレブリティ」に求めるものが違うということですね。

竹田　利益を追い求めることを最優先するような動きや、チャートを絶対に支配しなくてはならないというようなスタンスだけではなく、テイラーのライブに行くのは白人の若い女の子がとても多く、不健全なほど熱狂的なファン層になってきていることは指摘されています。いろいろな意味で、価値観的にも白人女性が中心的なコミュニティですね。

ここまでくると、彼女や彼女のチームの目的は自分の富を最大化することであって、本質的なマイノリティの人権擁護や格差の解消、ましてやガザの問題など、自分の富が減るようなことには声を上げない。「エシカル（倫理的）なビリオネア（10億ドル以上の資産を持つ億万長者）は所詮存在しない」というフレーズも頻繁に提起されます。もちろん彼女はさまざまな寄付活動をしてきました。でも、常に弱者の味方というわけではない。テイラーに限らず、そもそもビリオネアが存在している時点で格差の問題は歴然です。熱波が襲来中の2023年、南米でのライブでは、会場への飲料水の持ち込みが禁止されており、ブラジルで観客の女性ひとりが熱中症で亡くなってしまったのですが、そのような気象の中でライブを行ったこと、ファンが亡くなっても普通にライブを続けたことなども批判されています。
ガザに沈黙しているのは、女性や黒人のエンパワメントの象徴として知られる歌手のビヨンセも同様です。
三牧　ビヨンセは、2020年5月に黒人男性ジョージ・フロイドが白人警官に暴力的に殺害されたことで全米に人種平等を求める「ブラック・ライブズ・マター（黒人の命は大事だ）」（BLM）運動が爆発的に広がった際には、社会変革を求めて活発に発言していました。BLM運動は、黒人の命の尊さだけを主張する運動では決してなく、この地球上で抑圧されているすべての命のための主張や運動であるはずですが、ビヨンセはガザについては沈黙しています。暴力や差別の対象になっているのが、アメリカ政府や企業、富裕層の多くが支援するイスラエルに攻撃されるパレスチナ人となると、沈黙してしまうというのはなんとも残念です。
竹田　日本人にはそのうっすら気持ち悪いような矛盾が、「ほらやっぱりポリコレとか言っておいてセレブは」と映るのでしょう。確かにそうですが、それを批判する人もアメリカにはたくさんいることを、認識しておく必要はありますよね。

三牧　日本の大手メディアは、アメリカを称賛するときも批判するときも、アメリカで起きていることやそれをめぐる議論をじっくり観察するより、自分たちの論を展開するのに都合のよい面を切り取ってきて、自分たちの主張を裏づけたり、正当化したりするための道具として、アメリカを「使って」しまっているのかもしれませんね。
竹田　なぜか、みんな強者の味方をしたがりますよね。アメリカに住む私から見れば、大富豪のテイラー・スウィフトやビヨンセは、批判の対象になるのが当たり前の存在です。抑圧されている側が、わざわざ強者側を擁護する必要などありません。彼女たちがいい曲を出せば褒めるし、彼女たちがよくないことをすれば批判する。両者は同時に両立する。
この姿勢は、政治家に対しても同じ。すべてを擁護したり、すべてを批判したりする必要はない。歌手のビリー・アイリッシュにしても、即時停戦を求める赤いピンバッジをつけてアカデミー賞授賞式に出席したかと思うと、すぐ後に、（親イスラエル企業としてボイコットが呼びかけられている）スターバックスでコーヒーを買っているのが目撃されたりしている。そういうことはよくあるし、有名人は随時称賛や批判の対象になっています。
同じく赤いピンバッジをつけて授賞式に出た俳優のマーク・ラファロは、レッドカーペットでパレスチナ・デモへの支持を呼びかけていたけれど、受賞は逃し、スピーチの機会は与えられませんでした。「停戦ピンをいくらつけたって、スピーチできないのなら意味ないじゃん」と批判する人もいましたが、アカデミー賞という大きな場でイスラエルやパレスチナに言及すること自体が甚大なリスクを伴う。与えられた場所で持っている影響力を行使することは、今のアメリカではなかなかできることではありません。

しかし、社会的影響力を持つ人に発言を求めるのは、健全な民主主義のあり方です。ましてやこれだけ格差が広がっている中で、テイラー・スウィフトのようなセレブが例えばパレスチナについて発言すれば、大きな力を持つ可能性がある。そうした点を見逃すべきではないと思います。

◆資本主義に飼い慣らされたジャーナリズム

竹田　アメリカでジャーナリストとして活動していると特に感じるのが、メディア業界のリーマンショック以来の危機的状況です。
ＬＡタイムズ紙など大手メディアでは大量解雇が起きているし、ワシントン・ポスト紙は億万長者であるジェフ・ベゾス、ファッション・カルチャー雑誌『i-D』はトランプの娘婿で前トランプ政権では上級顧問として中東政策にも影響力を持ったジャレッド・クシュナー一族のカーリー・クロスといういずれも個人に買収されています。ニューヨーク・タイムズ紙はガザを拠点とするイスラム組織ハマスに関するでっちあげが強く疑われる記事を一面に掲載し、解雇者の大半が有色人種系だったLAタイムズはロサンゼルスに多いラテン系コミュニティの専属部門を廃止。ナショナル・パブリック・ラジオ（NPR、非営利の公共ラジオ）でさえ、有色人種系のポッドキャストをどんどん打ち切っている。音楽メディアのピッチフォークは世界最大級の出版社コンデナスト社に買収され、GQの傘下に入れられて解雇騒動があった。もはやジャーナリスト個人の力ではどうにもできないようなリストラや組織改革が続いているのです。

メディア全体が、印刷メディアの購読者が減ったためにオンラインに移行したものの、例えばXにおいては、リンクのついた投稿が表示されづらくなるなどのアルゴリズムの変化によって広告収入が減り、ビジネスモデルとして成り立たなくなってきたところに、プライベート企業に買収されて魂を抜かれるという事態に陥っている。日本の新聞のように、規模を縮小し、収益は減ってもとりあえず体制を維持するという方向に向かうこともできたはずなのに、アメリカの資本主義のもとでは拡大・成長ができないと潰されてしまうんですよね。国際的な報道集団「ＶＩＣＥ」も崩壊してしまいましたし。
三牧　アメリカも多様性に大きな問題を抱えているということですね。もっとも日本で同様のことが起きても、「多様な声を届けるべきメディアが、なぜ有色人種ばかり解雇するのか」という批判は、少なくともアメリカのような激しさでは起こらないとも思います。メディア側に多様性が実現されていなければ、その報道も多様な視点を配慮したものにはならない、という了解すらまだ広く共有されているとはいえません。
竹田　アメリカの買収主は、ジャーナリズムを「商品」、報道を「コンテンツ」としてしか見ていないですね。「COMPLEX」も、ファッションやストリートカルチャーといった若者文化を論じる良質なメディアだったのに、ＥＣサイトに買収されて以来、物を売るためのプラットフォームに変わってしまった。クリエイターを敵視し、もっと効率よく金を稼げばいいのにというＡＩ擁護者たちと同じ主張が、メディアに対しても行われている。こうしてジャーナリストたちはどんどん不遇な立場に追いやられていきます。

大きな問題となったニューヨーク・タイムズ紙のハマスによる大量レイプ疑惑に関する一面記事*17を書いた三人のうちふたりは、実はジャーナリストではなくイスラエル擁護のドキュメンタリーを製作してきた女性と、そのパートナーの甥《おい》だったことが判明しました。彼女のXを見ると、「ガザの住民は全員殺すべきだ」といった投稿に「いいね」をしていたりする（その後鍵アカウントとなった）。甥に至ってはハーバード大学を出たばかりで、もっぱら料理や食品関係の記事を書いていて、ジャーナリズム経験はほとんどなかった。そんな経歴の人たちがニューヨーク・タイムズ紙の現地取材の大半を担当して署名記事を書き、一面を飾っていたのです。おそらくタイムズは批判されることを承知で彼らに書かせたのでしょう。

アメリカではジャーナリストには中立性が非常に厳しく求められます。選挙で誰に投票したかは口にしてはいけないし、政治系イベントへの参加や寄付もNG。ジャーナリズム学科では、例えば死にそうな人を見て、駆け寄って助けるのか、写真を撮るのかを議論するメディア倫理の授業が必ずあるほどです。そのように中立性が重要視される中で、「ガザの人は殺すべきだ」と思っている人物がタイムズの一面記事に大抜擢《だいばってき》され、パレスチナ救済の署名に協力した人はクビになっている。そもそも親パレスチナの声を上げるような人は多くのメディアでは雇ってもらえないので、ジャーナリストは声を上げることもできない。
三牧　ジャーナリストでもそのような状態なんですね。
竹田　むしろジャーナリストこそ、そうなっているというか。

◆アメリカメディアのイスラエルバイアス

三牧　CNNやニューヨーク・タイムズ紙などリベラル系のメディアですら、2023年10月7日、ハマスがイスラエルを奇襲した後は、イスラエル政府や軍の発表を鵜呑《うの》みにしたような報道を繰り返し、ガザの悲惨な破壊や虐殺、飢餓がイスラエル政府や軍によって故意に引き起こされてきたことをきちんと報道してきませんでした。
もっとも「アメリカのメディアは、イスラエル問題となるとまったくダメだ」と幻滅するのは簡単ですし、また幻滅してもしょうがない大手メディアの現状があることも事実ですが、ニューヨーク・タイムズ紙のコラムニスト、ニコラス・クリストフは、2023年の10月下旬、「イスラエルの子を守るために、ガザの子を殺すな」と題したコラムを発表し、その後もガザの犠牲、とりわけ子どもの犠牲に強く反対するコラムを書いています。

MSNBC（アメリカ合衆国向けのニュース専門放送局）のホスト役を務めていたメフディ・ハサンは、戦闘が始まった直後からイスラエルによる軍事行動批判を続け、おそらく番組視聴者やイスラエル支持者から数多くの批判が寄せられたのでしょう、彼の番組の中止が取り決められた後、MSNBCを辞めて今は自身が立ち上げたメディア、Zeteoで発言を続けています。

イスラエル資本の強い影響下に置かれたアメリカのジャーナリズムの中にあっても、言うべきことを言おうと戦い続けている人たちはいる。そうした人たちの奮闘を正当に評価することは大事ですし、なぜアメリカメディアが異常なほどのイスラエル支持となっているかの構造的な分析も大切です。

アメリカの市民社会を見れば、すでに3月頃から、調査会社ギャラップによる世論調査*18では、イスラエルの軍事行動に対しては賛成よりも反対が上回る事態となっている。また、キニピアック大学の世論調査では、イスラエルへの軍事支援に反対する人が多数派になっている。[*19] 大手メディアはアメリカ市民の良識的な声も反映していない。

竹田　そのとおりです。ただジャーナリストがみんな歪《ゆが》んだ報道に加担していると、一概に言うことはできません。職を失ったジャーナリストたちはフリーランスで奮闘する羽目になっていて、本当に大変です。コンデナスト社の雑誌『ＶＯＧＵＥ』をクビになった人は同社のほかの媒体に寄稿できないという謎ルールがあるし、一流新聞や雑誌で記事を書いてきた人がクビを切られると、フリーランス業界の競争が激しくなり、弱小フリーランスライターだった人たちは選ばれなくなってしまう。意見の多様性が激減する中、独立系ジャーナリズムが復活するのではないかとも言われています。

また、アメリカのメディアがイスラエルに支配されていることひとつとっても、そこには複数のニュアンスがあります。ＣＮＮが報じた「ハマスによって赤ちゃん40人の首が飛ばされた」というニュースも、バイデン大統領は未確認のまま「子どもの首を斬る写真を見た」と発言していました。その後「実際に写真を見たわけではなかった」とホワイトハウスが撤回したものの、ハマス＝残虐な殺人者というイメージが広まってしまった。私の友人のジャーナリストも、「子どもを持つ私としてはイスラエルに同情する」と言っています。

その一方で、ガザであれだけ多くの子どもたちが殺されている様子を動画で見てもメディアがコメントしないのは、長年刷り込まれてきたイスラモフォビアのためか、人種差別意識が潜在的にあるのか。ユダヤ系への罪滅ぼしもあるし、イスラエル人が白人で、パレスチナ人が有色人種だからというのもあるでしょう。

アメリカのメディアでは表現の自己規制も盛んです。代表的なのは、見出し文を受動態で書くこと。「警官が黒人男性を射殺した」という内容を伝える際には、「黒人男性の射殺遺体が発見された。その身体に残った弾《たま》は、警察官の銃から撃たれていた」というような回りくどい書き方をする。能動態は使わず、受動態でヘッドライン（見出し）を書く。中立を装いながら非常に意図的な選択が行われていることも問題になっています。

三牧　そうしたアメリカのメディアの表現規制については現在、調査も行われています。調査報道メディアのインターセプトは、ニューヨーク・タイムズ紙、ワシントン・ポスト紙、ロサンゼルス・タイムズ紙の3紙から、イスラエルのガザ攻撃に関する記事を1000本以上収集し、調査しました[*20]。その結果、3紙とも著しくイスラエルに共感的で、公平性を欠いた報道がなされてきたことが明らかになりました。「虐殺」や「大虐殺」、「おぞましい」といった、民間人の大量殺害を強く非難するような言葉は、ハマスによるイスラエル人殺害に対してのみ使われるなどの一定の傾向が見られました。同メディアは、アメリカの大手メディアは、パレスチナ人を「非人間化」してきたと結論づけています。

現在、ハーグにある国際司法裁判所（ICJ）ではイスラエルのガザでの軍事行動が「ジェノサイド（集団殺害）」の罪にあたるのではないかが問われています。「ジェノサイド」の認定には、パレスチナ人を集団として抹殺しようとする「意図」があったかどうかが重要な指標になります。アメリカの大手メディアが、イスラエルによるガザでの軍事作戦とその犠牲についてなるべく受動態で表現しようとしていることは、国際社会のイスラエルへの批判を弱めることや、「ジェノサイド」裁判でイスラエルの不利になるような情報を残さないことなどの配慮もあるのかもしれません。ただし、イスラエルの閣僚や政治家たちは、市民を無差別に巻き込む軍事行動を正当化する発言を公然としていますから、意図の立証は困難ではないとも言われているのですが。こうしたイスラエル側の看過できない問題発言は、アメリカのメディアではしっかり検証されていません。

竹田　そうなんですよね。また、アメリカのメディアが表現規制している一方で、我々のSNSでは飢え死にしたガリガリのガザの子どもや、イスラエル軍の兵士が死んだ子どものおもちゃを手にニコニコしているといった衝撃的な画像が毎日タイムラインに現れます。ガザでこれほどの悲劇が起きているのに、それらを目にするうちに我々がそれに慣れ、普通のことだと思ってしまうのが最も恐ろしいことです。日常化しすぎて鈍感になり、仕方がないと諦めてしまえば、あっという間にファシズムが横行してしまう。まずは抵抗しなくては、とレフティストたちの間では叫ばれています。そして今ガザで起きていることは、白人至上主義や行きすぎた資本主義など、すべてにつながる話です。

アメリカで開発された武器の実験台に、ガザのパレスチナ人が使われているとも言われているし、今回の戦争でアメリカがどれほどの金を儲《もう》け、どこに資金援助をしているのかなど、すべてのつながりが次第に明らかになってきている。だから若い人たちはスターバックスやマクドナルドをボイコットするし、搾取構造を問題視するまなざしは、Amazonやテスラの労働者にまで広がっている。

こうした動きは、やはりコロナ以降の特徴だと思います。コロナ禍をきっかけに、これまで自らが守られてきたと思っていた社会に対する幻想がすべて崩壊した。結局、自分たちは駒としてしか扱われてこなかったのだ、と多くの人が認識し、ひとつひとつのことを無視せず、疑問を抱き始めているのです。

（2024年4月収録後、加筆修正）

第2章
バイデンはなぜ嫌われたのか？

2024年の米大統領選挙
第1回討論会での
ジョー・バイデン(右)と
ドナルド・トランプ。
2024年6月27日。

写真提供／ユニフォトプレス

◆Z世代が見限ったバイデン政権

三牧　さて、ここからは大統領選に若者が何を見ていたかを教えてください。アメリカの有権者に占めるZ世代の割合は年々増加し、2024年大統領選時に有権者年齢に達しているZ世代人口は4100万人に及びました。

「多様性や人権など、リベラルな価値観を重視する若者は、共和党のドナルド・トランプを嫌悪し、民主党のジョー・バイデンを支持する」――こう思われてきましたが、2024年の大統領選でこうした想定が大きく揺らぎました。バイデンとトランプが戦った2020年大統領選で、18歳から29歳の有権者はどの世代よりもバイデンを支持し、バイデンはこの年代の支持率で共和党の対立候補トランプに対して20ポイント超の差をつけました。しかし、今回の大統領選の過程で、若者層のバイデン支持は低迷しました。Z世代の若者たちはなぜバイデンを見限ったのでしょうか。

その理由は複数あると思います。経済政策については、若者はバイデンよりトランプを信頼しているという世論調査もありました。*21　しかしバイデン政権にとって最大の懸念となったのが、ガザで大々的に行われているイスラエルの軍事行動への対応です。これがZ世代の大きな不満の種になりました。アメリカ市民の過半数がバイデンのガザ危機対応に不支持を表明しましたが、とりわけZ世代の不満は大きいものでした。NBCニュースが2023年11月に行った世論調査では、過半数がバイデンのガザ危機対応に不支持を示し、18〜34歳の年齢層では、7割が不支持を表明しました。

前トランプ政権（2017〜2021）に行われた数々の親イスラエル政策を思うと、トランプが再び大統領になれば、さらにイスラエル寄りの政策が採られることは確実です。しかし、若者としては、だからといって、ガザで数万の犠牲者を生み出してきたイスラエルの軍事行動にここまで加担したバイデンを「よりましな悪」と見なし、票を投ずることもしたくない、といった気持ちだったのでしょう。よく理解できます。

そもそも2020年大統領選も、Z世代の若者たちの多くは、アメリカの政治社会の大変革を掲げたバーニー・サンダースに民主党の大統領候補になって、トランプと戦ってほしかった。バイデンは二番手以下だったわけです。それでもトランプ再選は防がなければならないという危機感から、本選ではバイデンに入れた若者が多かった。

竹田　そうですね。バイデンが最悪だったのは、「やる」と宣言したことをひとつもやっていないようにしか見えなかったことです。2020年当時、アメリカ人の多くはトランプの悪夢からの変化を求めていた。その期待を裏切ったことが、影を落としている。リベラルだった人が保守化したのではなく、リベラルを自称していたバイデンの行動がことごとく口約束だけだったから支持できなかったのです。若者が左派に寄る中、バイデンはどんどん右派に向かった。両者の間が大きく乖離《かいり》したことは、強調しておきたいです。
やっぱり2010年代は、バラク・オバマやミッシェル・オバマ、ルース・ベイダー・ギンズバーグといった人たちを、ポップカルチャー的に消費していたムードがあったんですよね。「カマラ・ハリスは、オバマ政権で副大統領だったら人気者になれたのに」と言う人もいます。オバマはZ世代以下の若者たちの間では「ドローンで爆弾を落としまくった人」として戦犯扱いされていますけど。
三牧　日本でオバマは、上院議員時代にはジョージ・ブッシュ・Jr.が始めたイラク戦争に反対して名をあげ、大統領時代には、「核なき世界」の理想を打ち出し、アメリカの現職大統領として初めて被爆地広島を訪問したことから、アメリカの政治家としては平和的な人というイメージが強いですが、ブッシュ・Jr.よりもずっと多くのドローンを使って、世界中に爆弾を落としてきた面もある。彼が南アフリカで、人種隔離政策（アパルトヘイト）撤廃運動の功績で、南アフリカ初の黒人大統領になったネルソン・マンデラの名を冠した講演に招かれた際、市民社会からは「ドローン大統領オバマに、マンデラの名前を冠した講演でしゃべらせるなんて」という強い反発も生まれました。

そして今、南アフリカが、イスラエルのガザでの軍事行動はジェノサイド条約に違反しているとしてＩＣＪに提訴し、ＩＣＪはイスラエルにジェノサイド的な行為の停止とガザでの人道支援の円滑な実施などの暫定措置を命じました。この南アフリカの動きについては、１２０カ国から成る非同盟諸国をはじめ、グローバルサウス諸国が広く賛同しています。つまりパレスチナ人に対して行われている不正義に怒っているのが世界の多数派であり、アメリカはもはや少数派なのです。変わりつつある世界で強まる虐殺反対の世論に共鳴するZ世代は、旧態依然とした感覚で政治をやっている政治家への怒りや失望を募らせている。

２０２４年４月に訪米した岸田文雄首相（当時）の米上下両院合同会議での演説は、日米が協力して、今後も民主主義や人権、「法の支配」をリードしていくのだ、といった主旨でしたが、ガザでの人道危機とそれに加担するアメリカ、そうしたアメリカに物申せない日本を見ているグローバルサウス諸国の人々には白々しく響いたのではないでしょうか。マレーシアのアンワル・イブラヒム首相やトルコのレジェップ・タイイップ・エルドアン大統領は、「『法の支配』や人権を掲げてあんなにもロシアを批判していたのに、なぜ同じことをイスラエルに言わないのか」と、西側諸国に対して率直に問題を指摘しています。世界の構図は、政治経済的な意味だけでなく、こうしたソフトパワーの点でも変化してきているように思います。

そうした世界や自国の若者たちの変化にまったく追いついていないアメリカ政治の現状。若者たちは自国の問題に気づいていますが、では政治をどう動かすか、その道筋はなかなか見えてこない。二大政党制で、実質的にふたりしか大統領候補がいない状況で、そのふたりがイスラエルの問題となると、国際社会にここまで背を向け、人権をなおざりにする。せめて、民主党にはもう少し、人権や国際協調を大切にする政党になってもらわなければ困る。若者の心理はこんなところでしょうか。こうした若者たちの不満は、政治自体への幻滅に向かいかねませんが、うまく導かれれば、政治の改革を促す起爆剤にもなりうる。「民主党か共和党か」という問いに終始してしまうと、二大政党のどちらにも希望を託せなくなっている人々の存在が見えなくなってしまいます。長い目でアメリカ政治を見ることも大切です。

竹田　自分のアイデンティティのためだけに、オバマやハリスに代表される民主党の政治家をポップカルチャー的に支持できる政治の時代は終わったと言えます。これまでアメリカの帝国主義的でアメリカ・ファーストな行動が国内で容認されてきたのは、一般的なミドルクラスのアメリカ人に恩恵があったからです。

しかしミドルクラス自体が消滅しつつある中、恩恵はないどころか被害が膨らんでいる。カリフォルニアにある私の家の近くでは今、ガソリンが1ガロン（約3・785リットル）7ドル（約1050円）以上と、少し前の2倍以上になっているし、かつて5000円で買えた生鮮食品が1万円する。政権はそうした過度なインフレも止めようとしていない。対策をすると口約束をしながらも、市民たちの実感としては「止めようとしていない」ようにしか見えない。日々の生活の実害を考えれば、支持できないと思う人が増えるのは当然ですよね。

でも市民はこの状況にどう抵抗すればいいのかもわからない状況です。働き続けなくては生きていけないから抗議活動にも参加できない。搾取されるだけされて、無気力になっている人がいかに多いか。

◆あらわになる世界のインターセクショナリティ

竹田　Z世代の特徴として、フェミニズムにしろ、国際情勢にしろ、問題を単体で捉えるのではなく、交差的（インターセクショナル）、包括的に捉えるという点があります。ミレニアル世代にとって女性の人権といえば、いわゆる白人のシスジェンダー（生まれつきの性別と性自認が一致する人）女性の経済力の向上、経済的なエンパワメントを目指すものだった。女の子でも起業できる、社長になれる、お金持ちになれる……要するに既存の資本主義システムにおける成功が称賛の対象になっていた。
でも本来フェミニズムは、もっとずっと複雑なものです。中絶の権利、有色人種の人権、トランスジェンダーの人権などが複雑に絡み合っている。最も抑圧されているのが有色人種の貧困層のクィア（性的マイノリティ）な人であることを考えれば、カマラ・ハリスに代表される「社会的強者」というガールボス・フェミニズムはすでにオワコンだし、「ガールボス」はもはや嘲笑するために使われます。誰かを抑圧しているシステムの中でいくら資本主義的に活躍しても、それは善ではないという感覚がZ世代には強いのです。

グレタ・トゥーンベリも、環境問題のことだけを訴えていたときは大人たちも称賛していたけれど、アメリカやイスラエル批判をし始めた途端、メディアに取り上げられなくなりましたよね。

三牧　インターセクショナリティは現代の社会運動のキーワードですが、気候危機対策を熱心に唱えてきた人、#MeToo運動に従事して性暴力や性差別に声を上げてきた人たちも、ガザについては沈黙する人が多い。気候危機もガザ虐殺もともに命を脅かしているとして反対の声を上げるグレタさんの立場は一貫しているのに、「ガザ虐殺反対」を唱えたら、ドイツなどで、彼女の気候危機対策への貢献を称賛してきた人までもがバッシングをし始めるというのは本当に恐ろしい図でした。
#MeToo運動も「ウォッシュ」されています。つまり、ガザをめぐりいよいよ見せか

けだけになってきています。アメリカのフェミニスト、とりわけ富と権力を持つ女性たちの関心と同情は、圧倒的にイスラエル女性に向けられ、パレスチナ女性が被ってきた苦境はほとんど無視されてきました。

メタ・プラットフォームズ（旧 Facebook）の最高執行責任者を長年務めたシェリル・サンドバーグは、その端的な例です。女性も職場でリーダーを目指すべきだと説いた著書『LEAN IN』の大ヒットで、ビジネス界のフェミニストの顔になってきましたよね。彼女はこのたび、イスラエルの制作会社カスティーナ・コミュニケーションズと協力して、2023年10月7日のハマスによる襲撃の生存者や目撃者へのインタビューをもとに、『沈黙の前の叫び（*Screams Before Silence*）』というドキュメンタリー映画を完成させました。ハマスがイスラエルを襲撃した際、組織的な性暴力が行われたことを証言に基づいて明らかにしようとした作品です。

ハマスによる組織的な性暴力についての報道は、ニューヨーク・タイムズ紙はじめアメリカの主要メディアによっても調査・報道されてきたところで、2024年3月には、国連の専門家チームも、「そのように信じるに足る合理的な根拠」があると発表しました。

ハマスは疑惑を否定していますが、今後も真実の究明のため、さらなる調査が進められるべきです。

問題は、サンドバーグの視界には、イスラエルの軍事行動によって生活を壊され、大切な人を奪われ、命を奪われてきた無数のパレスチナの人々がまったく存在していないことです。ガザでの犠牲者には女性も多く、軍事行動の過程でイスラエル兵によるパレスチナ女性や女児への性的な虐待があったことも、国連や人権団体が指摘しています。ガザでは病院も破壊され、部分的にしか機能していません。医薬品も不足し、5万ほどいる妊婦たちは、麻酔なしの帝王切開で凄絶な痛みに耐えながら出産しなければならない事態に陥っている。国連機関は「女性に対する戦争」だとも言っています。しかし、『沈黙の叫び』を観《み》た人たちは、「残酷なテロリストで性犯罪者」であるハマスを壊滅させるためのガザの軍事行動は徹底的にやるべきだ、と決意を新たにすることでしょう。

同様のことは、国務長官などを歴任し、2016年大統領選にも挑戦し、アメリカ史上初の女性大統領に最も近づいたともいわれるヒラリー・クリントンにもいえることです。彼女は、「戦争兵器としてのレイプは、人道に対する犯罪である」とハマスに対する断固たる対応を求めてきました。現在彼女は、コロンビア大学国際公共政策大学院で教えていますが、パレスチナ連帯デモがコロンビア大学を発信源に広がる中で、2024年5月9日に放送されたMSNBC「モーニング・ジョー」に出演し、「パレスチナ連帯を掲げる学生デモへの参加者の多くが中東やアメリカ、世界の歴史について無知である」と学生デモを批判しました。

しかし、歴史や世界について「無知」なのは学生とクリントン、どちらでしょうか。これまでにパレスチナでどれほどのイスラエルによる暴力が行われ、どれほどの犠牲が生まれてきたのか。国際社会が今、ガザやヨルダン川西岸でイスラエルが行使している暴力や破壊についてどのように見ているのか。むしろクリントンこそが、あまりに歴史や世界の動きに対して鈍感であると言わざるをえない。

サンドバーグとクリントンという、アメリカのビジネス界と政界のフェミニズムを代表する女性が、ガザの問題に関しては同じ穴に入り込んでしまっている。つまり、ハマスによる蛮行を強く批判する一方で、いかにイスラエルがパレスチナ人に対して残酷なことをしてきたのか、しているのかは語らない。関心すら持たない。そういう姿勢を取ることで彼女たちが、イスラエルの無差別的な軍事行動を肯定し、後押しする働きを果たしてきたことは否めません。

政治やビジネス界で男女平等を実現することには熱心でも、非西洋世界に生きる女性たち、とりわけパレスチナという、イスラエルとアメリカが結託して抑圧してきた地域の女性たちの苦境には関心を示すそぶりすらしない。ここには、非白人や非キリスト教徒の女性の命や尊厳に対する敬意を欠いた「ホワイト・フェミニズム」の問題が端的に露呈しています。本来、フェミニズムとは、いかに弱い人間でも、どのような属性や出自を持つ人でも、あらゆる人々の生命と尊厳を守ろうとする思想であるはずです。ある一群の女性たちの尊厳や命が踏みにじられたことを理由に、別の一群の、それもより弱き人々の尊厳や命を踏みにじる行為を肯定する。フェミニズムにさえ、権力の問題が影を落としている。サンドバーグやクリントンの立ち位置は、もはや「フェミニスト」とは言えないと思います。

竹田　本当にそのとおりです。さらにはイスラエルとアメリカをつなぐ大企業や大富豪の組織構造は、いつまで経っても規制されません。アメリカの規制嫌いはもはや限界を迎えていて、末期資本主義の様相を呈していると感じます。野放しにされるGoogleを筆頭にしたAI関連企業の個人情報使用、そしてそれらテック企業はイスラエルでの軍事開発にもかかわっている。イスラエルで使われているドローンや顔認証システム、監視ツールが非常に強力化しているのは広く知られているところです。

つまり、イスラエルの軍事行動と、アメリカでのデモへの暴力的抑圧、企業が無規制で個人情報を使いまくっていること……まるで陰謀論のように聞こえてしまいますが（笑）、実際にすべてがつながって、ファシズム的国家にどんどん近づいている。そのことにどれだけの人が気づいているのか。気づいている人は絶望しているし、気づいていない人は気づかないまま。そういう過渡期に私たちはいると思っています。

◆リベラルの失態

竹田　バイデンはよくXで「学生ローンの悪化は甚だしい。確実に改善が必要だ」など「俺が大統領になったら」みたいな前提でつぶやいていて、おまえが現大統領としてやるんだよ！　とツッコみたくなりました。「自分はより大きな力と戦っている」的なポストも多くて、若者に対しては説得力がありませんでした。
三牧　バイデンは空気が読めない投稿が多すぎて、もはやわざとやっているとしか思えなかったですね。ＳＮＳ戦略的には完全に失敗。
竹田　日本人はアメリカの若者はリベラルで民主党支持者が大半、と思っているかもしれませんが、そうシンプルな話ではありません。２０２０年にトランプの当選を恐れた若者たちがバイデンへの支持を表明したり、２０２２年には人工妊娠中絶の権利を保障した１９７３年のロー対ウェイド判決が最高裁で覆されたことに対し、アメリカ各地でデモが起きたり、そのようなイメージがいまだに強いのかもしれませんが、実際には多くの州で中絶が禁止され始めているし、バイデンもジェノサイドを止めないし、やると言ったことをやらない。法律も保守化の一途を辿《たど》っているのです。
三牧　２０２２年の中間選挙は、そのロー対ウェイド判決が覆された衝撃も残る中で行われたので、中絶問題が大きな争点になりました。とりわけ若者、女性は現在も中絶問題に大きな関心を持っていますが、連邦政府ができることは残念ながら限られている。中絶の権利を守る法律を作ろうとしても、それには連邦議会でどれだけ民主党が勝てるかなど、いろいろな条件が揃《そろ》わないといけない。やはり、トランプの時代に最高裁で保守派判事が絶対多数になってしまったことが大きい。

竹田　そもそもなぜこんなに急に多くの州でいっぺんに禁止になったのでしょうか（2024年11月現在、中絶禁止は50州中13州）。

三牧　中絶に反対するキリスト教福音派たちはロー対ウェイド判決に衝撃を受け、中絶に反対する最高裁判事の候補者となる法曹集団を作り、彼らを最高裁判事に指名するような保守派の大統領を応援してきた。つまりロー対ウェイド判決は、数十年来の長期計画の帰結なのです。

中絶をはじめ、マイノリティの権利を守り抜こうとした女性判事、ルース・ベイダー・ギンズバーグは今でも大人気で、さまざまなグッズも作られました。しかし、彼女のグッズがいくら売れても、彼女を称賛する映画が作られ多くの人々に視聴されても、憲法上の中絶の権利が回復されるわけではない。

もちろん、文化が人に与える影響の大きさは強調してもしきれません。しかし、文化で自分の大義を表現する「ポップカルチャー・リベラリズム」に走ってきたリベラル層を尻目に、保守層は数十年にわたって連邦最高裁に保守派判事を送り込むことに情熱を注いできて、結果を出した。こうした権力政治自体はいいものではありませんが、権力を握らなければ守れない権利もある。リベラルは、権力政治を批判することには熱心でも、権力政治で勝利することへの執着が薄かったといえるかもしれません。
州レベルでは、カンザスなど保守的な州でも住民投票で中絶の権利を守ろうとするポジティブな流れもある一方で、州ごとに規制ができるとなれば、保守的な考えが支配的な州ではすぐに中絶を制限したり禁止したりする法律ができてしまう。つまり、現状において中絶の権利を守るためには、州議会の多数派を握るなど、地方政治も重要になってきますが、民主党は連邦レベルの政治には熱心でも、こうしたローカルな政治を相対的に軽視してきたとの批判もあります。
竹田　それはフロリダ州で広がっている「禁書（ブック・バン）」運動にもつながる話ですよね。
三牧　禁書の動きには、「自由のための母たち（Moms for Liberty）」などの保護者団体が暗躍しています。彼らの言い分は、「今までリベラル派が人種差別だ、性差別的だ、と保守派の文化をキャンセルしてきたのだから、今度は私たちが自らの基準であなたたちの文化をジャッジし、基準に合わないものはキャンセルする」「リベラルがキャンセルするのなら我々も」といったものです。

もちろん、こうした主張はあまりに一方的です。しかし、こう主張する保守派とどう共存していくか、リベラル派も考えなければならない。多様な人々が、対極的とすらいえる異なる意見や価値観を持っていて、双方が自分たちこそ正しいと思っている。こうした状況は容易に解決しませんし、もしかしたら解決することはできないのかもしれませんが、それでもこうした価値観や意見の相違を、暴力や殺戮《さつりく》を生まないよう、なんとか管理していかなければならない。そういう仕組みづくりにもっと真剣に取り組まなければならない。意見を「キャンセル」することはできても、そうした意見を持つ人間そのものを「キャンセル」することはできない。多様性や共存というのは、その言葉の響きとは異なり、本当に地道で困難、しんどい課題です。

◆見たい「アメリカ」しか見ていない？

竹田　確かに、右派の持つ団結力については、もう少し分析する必要があると思います。なぜ一部の保守層がそこまでの政治的影響力を持てるのか。でもそうした動きも、実際にはごく一部の人たちが熱狂的になっているだけなんですよね。アメリカの制度の急激な保守化は、一般市民全体の思想の変化を反映しているわけではないことを強調しておきたいです。
例えば、トランスジェンダーの人が中学時代の男友達に「私、今は女の子なんだ」とカミングアウトしたら、「えー、そうなんだ。また飲みに行こうぜ」と言われるとか、お父さんにカミングアウトしたら、代名詞を間違えるとかはあるけど、頑張って受け入れてくれるとか。「アメリカ人」の平均的な姿はそのような感じだと思います。良心はあるけど無知、無関心なだけの人が平均層なのに、日本では過激な右派の行動力や団結力だけが注目され、「アメリカ人」として一緒くたにされてしまっている気がします。
三牧　２０２３年６月、連邦最高裁が歴史的な判決を下しました。大学の入学者選抜で人種を考慮する「アファーマティブ・アクション（積極的差別是正措置）」をめぐる訴訟で、連邦最高裁が、入試において人種を考慮することは、「法の下の平等」を定めた憲法修正

14条に違反すると判断したのです。アメリカでは、教育や雇用の機会の不平等を是正するため、就職や大学入試の際、黒人やヒスパニックといった人種的少数派を優遇する措置がとられてきました。この措置に対しては白人だけでなく、「自分たちは他マイノリティより優遇されていない」と考える一部のアジア系も反対の声を上げてきました。今回の訴訟では、ハーバード大などの入学者選抜をめぐり、保守系の非営利団体が「アジア系の入学者数が不当に抑えられ、人種差別にあたる」などと主張していました。

違憲判決を受け、普段アメリカに関心のないような保守の人たちから「ほら、アメリカにおいてもマイノリティ優遇への不満が高まっているではないか」との声も上がっていましたが、日本はまだ、アファーマティブ・アクションに取り組み始めてすらいない状況。断片的で恣意的なアメリカ像の消費の典型例でした。

まず入試制度の違いがある。日本の入試と異なり、大学進学適性試験（SAT）などの点数以外に高校の成績や課外活動、人物評価を基に書類選考で合否が決まる米大学の入学者選抜では、是正措置が広く導入されています。

竹田　日本人は自分たちにとって都合のよいアメリカ像ばかりを伝えようとしていますよ

ね。長い間、平均的アメリカ人像といえば、「fiscally conservative, socially liberal（経済に関しては保守、社会的にはリベラル）」な白人ミドルクラスでした。今でもそういう人は多く存在していて、アイデンティティ・ポリティクスで動いているわけではない人のほうが、アメリカでも一般的なのではないでしょうか。
三牧　日本では最近、「アメリカの混乱は、アイデンティティ・ポリティクスの行きすぎを示しているんだ」という言説が保守派を中心に広まってきました。アイデンティティ・ポリティクスとは、人種や民族、性的指向、ジェンダーなど特定のアイデンティティを持つ集団の利益を強調する政治のことですが、そもそもは、社会で抑圧されたマイノリティが抑圧からの解放や平等を求めて展開してきたものです。さまざまなマイノリティがまだ声すら上げられていない現状がある日本では、もっともっと関心を集め、展開されていかなければならないものですが、今日本では、「アイデンティティ・ポリティクスがアメリカに分断をもたらした」、さらには「マイノリティによるアイデンティティ・ポリティクスが行きすぎたから、マジョリティによる反乱としてトランプが台頭した」という、アイデンティティ・ポリティクスに否定的な意見が強まっている状況です。

しかし、この言説には、「そのようにアメリカを見たい」という保守派の願望がかなり投影されています。アメリカ市民にバイデン不支持が広がったのは、まずは暮らしをどうにかしてほしいという極めて実際的な理由で、アイデンティティ・ポリティクスへの反発は少なくとも主要な要因ではない。まだまだマイノリティの権利において多くの問題を抱えている日本で、マイノリティによるアイデンティティ・ポリティクスを批判する言説がこれだけ広がっていることには、作為的なものを感じます。
竹田　アイデンティティ・ポリティクスというなら、ヘイトで政治を動かそうとしているのは過激な保守層のほうですしね。自分たちの生活が苦しいのは中国人やメキシコ人のせいだ、と誰かのせいにして、その誰かを排除してくれる人を選ぼうとしている。そうした自己中心的な投票行動をこそアイデンティティ・ポリティクスと呼ぶのではないかと思ってしまいます。
三牧　アイデンティティ・ポリティクスは、マイノリティがより公正な社会を目指して展開してきたものですが、むしろ今、それはマジョリティに乗っ取られ、弱者を排除するために使われている。２０１８年、エリック・カウフマンという政治学者が『ホワイトシフト』（邦訳は『WHITESHIFT 白人がマイノリティになる日』臼井美子訳、亜紀書房、2023年）を上梓《じょうし》し、アイデンティティ・ポリティクスを白人にも開くことを提唱しています。彼は、人種やジェンダーなどの差別や不公正の是正を求める「Woke」――ダニエルさんも48ページで少し触れていますが――が急進化し、国の分断をもたらしていると批判してきた人物です。現在は、アメリカでも「反・ウォーク」の代表的な論客とみなされるようになっています。

この本でカウフマンは、「他のすべてのマイノリティのように、自分たちを擁護し、クラブを作る権利があっていいはずだ」という白人大学生の疑問を紹介しています。移民の増加によって、アメリカも2040年代には非ヒスパニック系の白人は少数派になると予想されている。白人はマイノリティに転落しつつあるのに、白人がほかの人種的マイノリティと同様に、集団への帰属意識や愛着を示すと「人種差別」と批判される。これはアンフェアであり、白人にもまたアイデンティティ・ポリティクスが認められるべきだというのです。

これは、単に「白人マジョリティの擁護」と一蹴できない多くの論点を含んでいます。

その上で、「マジョリティ」「マイノリティ」とは単に数の話ではない。それ以上に権力や富の話です。確かにすでにアメリカにはバラク・オバマという黒人大統領が生まれていますが、その後は揺り戻しでまた白人大統領がふたり続いています。資産の中央値にしても、白人の中央値と黒人の中央値には依然、厳然とした差がある。マイノリティの声の上げ方ばかりを問題視し、「マイノリティのアイデンティティ・ポリティクスが行きすぎている」と結論づける主張は、現実に存在する厳然とした格差や不平等を覆い隠してしまう危険があります。

◆資本主義が崩したアメリカン・ドリーム

竹田　アメリカで貧富の差、格差が広がっているとはよく言われますが、それもアメリカ全体で一様ではなく、例えばニューヨークには、都心のシェルターでいつ追い出されるかわからないまま暮らしている南米からの移民もいれば、マンハッタンで大きな家で暮らしている億万長者もいる。南部をはじめとした地域では教育に対する行政支援の削減や教員の給与額低迷などによって、大きな教育格差が常に問題になっているし、連鎖的に貧困も悪化している。また、シリコンバレーで普通に働いているのにホームレスになってしまって車中泊でやり過ごしている人もいるほど家賃が高騰している一方、若くしてテック関連で大金持ちになる人もいる。同時に、テック企業でも雇用の不安定化が進んでいるから、入社すれば一生安泰という状況ではまったくない。

家賃の高騰は深刻な問題です。UCバークレー（カリフォルニア大学バークレー校）の学部生の10人に1人がホームレス状態を経験したことがあるという統計もあります。[*22] 高層マンションや集合住宅の建設がなかなか許可されないため、狭いけど安い部屋という選択肢がない。日本の狭い賃貸アパートの動画が「羨ましい、こういう部屋があれば若者も住めるのに」とSNSでよくバズるほどです。

三牧　暮らしを考えるリベラル政党なら、住居の問題はまず取り組むべきですが、民主党はここであまり実績を出せていない。インフレについてもさまざまな方策を打ち出してきましたが、物価高は収まっておらず、「民主党が掲げる正義や平等は口だけ」というイメージにつながってしまっている。こうした民主党への幻滅が、「口ではひどく差別的なことを言っているけれど、政策はトランプのほうがまだ期待できる」との考えから、トランプ支持に転向するマイノリティの動きを生み出している。

２０２４年に入ってからの各種世論調査によれば、トランプは、歴史的に民主党の重要な票田であった黒人票を着実に切り崩しています。公民権法（１９６４年）成立後、黒人は圧倒的に民主党を支持してきました。もっともこれは必ずしも積極的な支持ではなく、黒人にとっては、格差や人種差別の是正に消極的な共和党を支持する選択はありえないという消極的な選択の面もありました。しかし昨今、黒人の中には、民主党に対して、「黒人は人種平等や多様性を掲げる民主党を支持する、と黒人票を自明視し、黒人に甘えている」「バイデンは公約では黒人の地位や生活を向上させるためのさまざまな政策を掲げていたのに、それを実現していない」という不満が高まりました。こうした黒人票を取り戻すには、「差別主義者トランプ」を糾弾するだけでなく――そんなことは黒人たちもよくわかっています――黒人が現実に抱えているニーズに即した、具体的な政策を掲げることが必要だったのです。こうした黒人たちの動向を見ても、従来のリベラルの語りに当てはまらないトランプ支持層が作られつつあるのだと思います。

竹田　トランプが抑圧してきたマイノリティたち、例えばベトナム系やラテン系、黒人たちの中には、自分たちの生活がよくならないのは不法移民や新たに入ってくる移民のせいだと考えてトランプを支持する人もいて、コミュニティが分断されていることが社会問題になっています。ある意味、名誉白人になれば、自分の生活が改善すると思っている人は少なくありません。

でも、これには世代の差もあって。Z世代のラディカルな左派たちは、一番の原因は資本主義にあると確実に理解している。マルクスなどの古典に当たったり、そのような本質的な学びから気づきを深めたりする人も多い。一方で、シリコンバレーの大富豪であるジェフ・ベゾスやイーロン・マスクなど、いわゆる資本主義の権化のような人たちと彼らを崇拝する支持者たちは、トランプを「富裕層の味方」「資本主義という自由を守ってくれる人」だとして支持しがちです。資本主義にメリットを感じるか感じないかで、人々の行動が分かれています。

三牧　BLM運動は、人種平等だけを主張するものではなく、富の格差の是非という、資本主義への異議申し立ても含んでいたんですよね。黒人差別は、警官の暴力や言葉によるものだけではない。より根本的には経済的な格差がある。だからこそ、黒人だけでなく、アメリカの現状があまりに不公正だと思っている人を広く取り込んでいった。

しかし、ＢＬＭ運動への全面的な支持を打ち出して誕生したバイデン政権が、どれだけ格差を是正できたかには多くの人が疑問を抱いています。かつて移民としてアメリカにやってきた人が、自分はもうアメリカに定着したから、自分の競争相手になるかもしれない移民には入ってきてほしくないというのは、まさに「機会の国」というアメリカン・ドリームの崩壊ですよね。誰かの成功を、自分にとってマイナスと思うゼロ・サム的な心情が広がっている。

竹田　もうアメリカで暮らすのは本当にサバイバルで大変なんですよ。日本なら、ちょっとくらいぼんやり生きていても死ぬ危険性はあまり日常的にないけれど、アメリカではちょっとでもぼーっとしていたら、リアルにいつ死ぬか殺されるか死の危険に晒《さら》されるかわからない。そういう危機感をみんなが抱えています。それは治安の問題でもありますが、万が一何かあったときに医療機関にかかったら莫大《ばくだい》なお金がかかるなど、「もし何かあったとき」に助けてくれるようなシステムがないため、貯蓄に対する不安はかなりあります。

例えば、先日、大手総合情報サービス会社ブルームバーグの編集長から聞いた話では、ブルームバーグが日本円で年間2500万円以上稼いでいるアメリカ人1000人以上に、自分は「貧しい（very poor/Poor/Getting by）／ほどほど（Comfortable）／裕福（Rich/Very Rich）」のどれに入るか調査したところ、4分の1が「貧しい」を選んだということでした。[*23]
三牧　えー！　どういう感覚なんでしょう、それは。
竹田　いくら稼いでも不安が拭えない人が多いようです。ほかの人に比べたらまだまだ少ないとか、心理的安心を得るにはもっと上に行かなきゃ、と。
三牧　そうした社会の雰囲気を反映して、今や民主党の支持者でも、移民規制への賛成派が多数になり、不法移民の強制送還に賛成する人も多い。[*24]当初バイデン政権は、厳格な国境管理と移民制限を打ち出すトランプとの差異化も意識して、寛容な移民政策を掲げてきました。トランプがメキシコとの国境沿いに建設した「壁」についてもバイデンは当初、「私が大統領になれば1フィート（30センチ）の壁も作らせない」と明言していました。
しかし、2024年大統領選が近づく中、バイデンは寛容を貫くより、トランプ化する道を選びました。バイデン政権発足以来、メキシコとの国境付近の不法越境者は増加を続け、政権は対応に苦慮してきました。２０２３年度（22年10月～23年9月）にメキシコとの国境沿いで拘束・保護された不法移民は２４７万人超にのぼりました。世論調査会社のギャラップが２０２４年2月に行った調査[*25]では、「この国が直面する最も重要な問題」に「不法移民」と回答した割合は28％にのぼり、「経済」などを抜いて最多となりました。不法移民への厳しい世論を背景に、２０２３年10月、バイデンはメキシコ国境沿いの「壁」建設を再開すると表明しました。6月には、書類を持たない移民の流入が7日間の平均で一日あたり２５００人に達した際に、原則として国境を閉じる大統領令にも署名しました。

こうしてバイデンが大統領選に勝つために「トランプ化」したことは、リベラルな価値観を志向し、民主党を支持してきた若者にジレンマをもたらしました。若者に投票を促す全国組織 NextGen America は、「若い有権者は、人道的な移民政策を全面的に支持し、拘留や強制送還ではなく、市民権への道を求めている」と声明[*26]を発し、バイデンに対して警鐘を鳴らしました。Z世代はアメリカの歴史上、最も人種的に多様な世代であり、多様性や人権といった価値をとりわけ重視する世代です。「バイデンは人権を犠牲にした」「トランプもバイデンも変わりがない」という幻滅が広がったのです。

◆将来への不安と帝国主義からの脱却

三牧　統計的には、若い世代はますます社会主義を支持しています。[27]資本主義を支持するか、社会主義を支持するか、という調査では、だいたい半数ずつくらいです。上の世代とは明らかに異なる傾向を見せています。しかし、現実には超資本主義社会があるわけで、社会主義的な、より公正な社会を求めていても、資本主義に巻き込まれざるをえず、そこで成功を目指さなければならないことになっています。
竹田　左派Z世代の思想としては、資本主義のオルタナティブ（代替）となる社会システムを想像するところから始めなきゃいけないというのがあります。冷戦とその影響をほとんど直接体感していない我々が知っているのは、資本主義が悪いということだけ。資本主義でいい思いをしたことが一度もないのに、人生のすべてを資本主義に支配されている。それなら資本主義じゃない世界を想像することから始めようよ、と。オルタナティブとして社会主義を提示してはいるけれど、具体的にそれがどういうものかまで想像できているわけではない。資本主義への批判としてとりあえず用いられているという感じだと思います。
三牧　現実に、Z世代の求めるオルタナティブな社会への期待を実際に担い、実現できる政治勢力がない、ということですよね。価値観では、共和党と民主党を比べれば民主党支持だけど、でも民主党の資本主義批判も、根本的なものではない。Z世代から見れば、資本主義については共和党も民主党も、さほど変わらないように見えるところもある。
竹田　将来への不安。これは左右関係なくアメリカの若者全員にあると思います。みんなギリギリの生活をしながら、もっと稼がなくちゃと思っている。暮らしていくために副業をしたり仕事をかけ持ちしたりしなければならない状況にある人もいるし、よい大学さえ卒業すれば将来は安泰と言われていたのに、何度応募して面接を受けても仕事がもらえず、仕方なく実家暮らしをして、親が自分の歳《とし》だったときと比較したら明らかに「しょうもない生活」をしていて虚《むな》しくなる人もいる。
クレジットカードで1000万円相当の借金をしている人が普通にいるし、それが消費行動にも表れている。コロナ以降、いつ死ぬかわからない、明るい将来が想像できないという不安の上に、死ぬまで働き続けなくてはいけないだろうという前提を抱えているから、クレジットカードで衝動的な高額の買い物をしたり、旅行に行きまくったりすることに抵抗がない人が増えていると言われています。そのような消費行動は"doom spending"と呼ばれ、話題になりました。*28
大学を卒業すれば就職でき、仕事を頑張れば将来楽になれるという、いわゆるアメリカン・ドリームは完全に崩壊しています。多くの若者は、「自分たちはずっと嘘をつかれてきた」と言います。ミレニアル世代が薄々気づき始めたその絶望に、早くも10代や20代で直面しているのがZ世代なのです。
三牧　そもそも資本主義の弊害が露呈していたところに、ガザ危機という大きな外交問題が加わってしまった。
竹田　そうですね。その一方で、大学を中心とした若者の抗議行動を、暴力を行使してまで制圧しようとする行政を見たことで、若者のラディカル化は実際に起きていて、それが政府にとって脅威になっているのだということが皮肉にも可視化されました。TikTokが禁止されようとしているのも、若者のラディカル化の一因を担う悪役と見なされたからですよね。

こういう話をすると、「それは（リベラルが多いというイメージのある）西海岸だからでしょう」と言われることが多いのですが、そうとは限りません。今の若者にとってメインの情報源はインターネットです。国際情勢から国内の人権問題に至るまで、どんな孤立した田舎に住んでいても、ネット経由で知ることができる。ネットはあったもののテレビや新聞、ラジオで情報を取るのが基本だった9・11時代には、そうしたマスメディアの情報を鵜呑みにしてイスラモフォビアが簡単に蔓延《まんえん》しましたが、今の若者たちの間では反ムスリムの感情がかなり薄くなっていると言われています。クーフィーエを巻いてパレスチナへの連帯を示して街を歩く若者もいれば、イスラム教徒が使う「インシャラー（神の御心《みこころ》のままに）」は、もはやスラングのようにごく普通に使われている。今までタブー視されていたことがオープンになってきていることは、長らく差別を受けてきたムスリム系のアメリカ人やいわゆる褐色系の肌色の人たちにとっては大きな変化だと言われています。

SNSの発達によって、これまで地理的な制約を受けて凝り固まっていた人々の価値観が、地理に縛られることなく選択できるようになった。その結果、海外の人たちとアメリカの若者たちの価値観が重なってきて、これまでアメリカがメディアを使って必死に築き上げてきたプロパガンダ政治が、まったくと言っていいほど効かなくなっている。これはここ数年の大きな変化だと思います。ガザで人々が亡くなっている様子を現地民が伝える動画がリアルタイムで流れてくるくらいですから。
ガザ問題に限らず、環境問題にしろ、マイノリティの人権にしろ、今の若者たちは、政治的な感情ではなく、人間的感情、本人の良心に基づいた判断ができるようになっている。アメリカ・ファースト的、帝国主義的な価値観が崩れ、アメリカが抑制してきたラディカル化が起こりやすくなっているのも当然だと思います。

（2024年4月収録後、加筆修正）

第3章 世界の矛盾に気づいたZ世代の抵抗

コロンビア大学でのキャンパスデモ。2024年4月。

写真提供／ユニフォトプレス

◆「俺たちには変えられる」から「やっても無駄」へ

三牧　大学の変質も見過ごせない問題です。本章では、ガザ危機と呼応してアメリカの大学で何が起きていたのか？　改めてダニエルさんに伺いたいと思います。大学がまず重視するのは、寄付をしてくれる富裕層。大学運営上、しょうがないともいわれますが、そうした拝金主義を批判し、お金に還元されない価値を追求するのが大学だったはずではないでしょうか。リベラルな理念を掲げながらも、学生たちには自由な言論や批判を認めない。その矛盾に気づき、憤った若者たちが、イスラエルのみならず、その軍事行動を支える大学や社会構造に対しても問題提起しています。
竹田　ニューヨークでは、２０２４年４月17日からイスラエルの軍事行動に反対する親パレスチナの学生たちが、コロンビア大学のキャンパス内にテントを張って抗議デモを行っていたところ、翌日警官隊がテントを排除、学生１００人以上が逮捕されました。
三牧　あれは本当にひどかったですね。
竹田　ただ、私の実感として、アメリカにおけるデモの様相はここ数年で変化してきています。

BLM運動のときは、新型コロナのロックダウンによる自宅待機が続いて社会全体に鬱憤がたまっていたし、みんな「俺たちには今あるシステムを変えられる」という活力にも満ちていて、アメリカの根底にあり続ける人種問題をはじめとする社会悪と向き合い、改善すべきだという共通認識があった。だからあれだけの盛り上がりを見せたのだと思います。問題を可視化したBLMの意義は大きかったし、失敗だったとは思いません。

でもBLM運動の結果、デモ参加者が制圧され、より暴力的な警察の行為が許されるようになり、2021年1月6日の議会議事堂襲撃事件が起き、アメリカ政府の帝国主義的な振る舞いや警察や軍隊を使った国民コントロールが強まったのも事実です。BLMをきっかけに警察予算の縮小がうたわれたはずなのに、例えば、ニューヨークの地下鉄ではパトロールする警察官を増やし、NY市警の残業代も1億ドル以上増えています。にもかかわらず、犯罪の減少率はごくわずかだった上、有色人種の職務質問だけが大幅に増加しました。しかも警察官は社会的弱者や有色人種を意図的に抑圧し市民を差別的に攻撃するばかりで、市民の安全確保の役に立っていないことが問題になっている。

２０２０年当時には社会に広がっていた、絶望から湧き上がるような変革へのエネルギーがもはや失われ、「やっても無駄」という空気が広まっていることも残念ながら事実です。

国家という大きな権力がジェノサイドに加担していることがあからさまになったせいで、自分も間接的に関与しているということに気づかされて、イスラエル企業をボイコットする人もいれば、いくらデモをやってもジェノサイドが止まる気配がないことに絶望している人もいる。もちろん、一部の人はまだアクションを続けているし、それは若い人に多く見られる。

大統領が誰かにかかわらず、アメリカという国家が非常に保守的な行動を取っており、イスラエルという植民地国家を支援し続けている。その事実自体が、これまで蓄積されてきたアメリカへの違和感や不信感をさらに強めていると思います。医療保障やローンなど、解決しようと思えばできるはずの問題にバイデン大統領はまったく手をつけませんでした。他方で、イスラエルはアメリカに負担を補塡してもらっていて、アメリカ人からしたら自分たちよりも豊かな生活ができている、と感じてしまう。

正直、今のアメリカ社会はすごく変な状況にあると思います。確かに学生運動は盛り上がっているけれど、それは希望から来るものではありません。トランプ大統領時代、彼の性差別的な発言に反対して、ウィメンズ・マーチが盛んに行われましたが、あのように怒りはベースにありつつも、連帯を可視化することでハッピーなムードも得られるようなデモ、つまり連帯を呼びかけるようなデモと、今、起きている抗議デモは、まったく違う。親パレスチナのデモに参加することには、BLM運動以上のリスクがあるからです。逮捕され、停学、退学、クビになるかもしれない。反ユダヤ主義、ヘイトスピーチ、不法侵入などのレッテルを貼られる覚悟で参加しているのです。しかも本来シンプルなはずの主張が、非常に政治的な意味合いを持ってしまっている。
三牧　大変重要な指摘ですね。イスラエル抗議デモは、参加自体に大きなリスクがある。2024年4月中旬には、Google社員がオフィスで「No Tech for Apartheid（イスラエルのパレスチナ人へのアパルトヘイト的な抑圧のための技術はお断り）」と掲げて座り込みの抗議を実施しました。Google社はイスラエル政府との間に、高度な人工知能（AI）技術やクラウドサービスを提供する「プロジェクト・ニンブス」の契約を結んでおり、従業員の間には、自社の技術がパレスチナ人の監視や軍事作戦に用いられることへの懸念の声が上がってきました。この後、同社は抗議活動に関与したと判断した28名の解雇を発表し、その後も解雇の範囲を拡大しています。

学生による抗議デモも、4月に爆発的な広がりを見せ、5月初旬の時点で、全米の50校以上でパレスチナ連帯デモが行われ、2600人以上が逮捕されている。こうした事態に危機感を募らせた政治家たちは、露骨な取り締まりを始めています。5月初頭、連邦議会下院で「反ユダヤ主義啓発法」が賛成320反対91で可決されました。教育省に対し、「反ユダヤ主義」の定義として、国際ホロコースト記憶同盟が提唱する定義を使用することを義務づけるものですが、その定義は広範で、「イスラエル国家の存在が人種差別的な試みであると主張すること」なども「反ユダヤ主義」の例として挙げられています。つまりはこの法律のもと、イスラエルがパレスチナ人に対して行う軍事的な抑圧や人種隔離政策などへの正当な批判も、「反ユダヤ主義」へと読み替え、取り締まられる可能性があるということです。提案者のひとりである共和党議員マイク・ローラーは、法案は「全米の大学キャンパスで横行している反ユダヤ主義を取り締まるプロセスを開始するものである」と公然と述べています。

学生デモへのバイデンの対応も冷淡でした。5月はじめに、ホワイトハウスで演説したバイデンは、「平和的に抗議する権利はあるが、混乱を引き起こす権利はない」と述べ、学生デモが過激化していると批判したのです。さらに、抗議を受けてイスラエル政策を再検討するのかと記者団に問われたバイデンは、「それはない」と即座に否定しました。2020年に、BLM運動が全米に爆発的に広がったとき、バイデンは大統領選に向けて、黒人や若者の票を確かにしたいという思惑もあったのでしょうが、警察によるデモ隊の暴力的な取り締まりを強く批判しました。このときとの整合性も問われます。

バイデンもカマラ・ハリスも、アメリカ・イスラエル公共問題委員会（AIPAC）などのイスラエル・ロビーから長年多額の資金援助を受けてきた政治家です。2020年の大統領選の民主党予備選には、バイデンに加えてハリスも立候補していたわけですが、討論会で、「イスラエルへの軍事支援の条件を見直す可能性はあるか」と問われて、ふたりとも「見直さない」と答えています。[*29] この言葉通り、ガザで何万人ものパレスチナ人が殺されても、バイデン政権はイスラエルに武器弾薬を送り続けています。

イスラエル政策については、共和党も民主党も、保守もリベラルもない。イスラエル政策の刷新を求める若者には、選択肢がないのです。

◆すべてはつながっていると気づいたZ世代

三牧　アメリカのZ世代の若者たちがいよいよ上の世代の価値観に挑戦しているのに対し、日本では非政治的であるほうがいい、安全だ、といった感覚がいまだに支配的だと感じます。ただ、そこから「若者たちは政治的に無関心だ」と結論づけることには慎重でありたいです。それは若者だけでなく、上の世代の問題でもある。社会の中心にいる大人たちが、政治や国際問題に関心がない。
竹田　日本人が内向きなのは、自己責任論の影響が大きいと思います。アメリカでは、自国が歴史的に行ってきた他国侵略や国内での奴隷の搾取、原住民の虐殺などの帝国主義、植民地主義的な行いと、今、自分たちが直面している格差や差別が一続きになっていて、自らも当事者として加担していた、という気づきから今の動きは生まれている。
親世代よりも豊かになれるというアメリカン・ドリームが消失したのは、レーガン政権が大学への援助を削減したことで学生ローンを膨らませ、若者が声を上げにくくなったから。自分たちは国家権力に意図的に抑圧・監視されている。現状をもたらしている、そういったアメリカ社会の構造がすべて見えてきたのです。そしてそこに気づかれることは、政府や政治家、学校の運営側にとっては極めて都合が悪い。それらが相まって、若者たちはより駆り立てられているのだと思います。

失うものがなくなった学生たちは、抑圧されている労働階級側と連帯して立ち向かおうとしています。もちろんその多くは、クィアや有色人種、移民など、社会で理不尽な目に遭っている意識的な人たちですが、それ以外にも彼らへの連帯を示したいと考える共感性の高い人たちもいる。ラディカル・レフトの間では、単に戦争に反対して、平和を求めるのではなく、すべてを根幹から崩壊させなきゃいけない、というスローガンが広まっているし、その思想が広まりやすいのがTikTokというプラットフォームだったわけです。

そんな中、TikTokは売却を迫られている。若者たちの言論を弾圧したいという政府の意図が明確です。ホームレスや学生ローンなど、喫緊の課題が山ほどあるのに、なぜ政府はTikTokを攻撃するという瑣末《さまつ》なことにこんなに時間とお金をかけているのか。若者たちが疑問を感じるのは当たり前です。資本主義に基づく、すべてを征服したいというアメリカの価値観そのものを崩壊させなければ、未来は変わらない。その感覚が大人とは違うところだし、日本人には見えていないところだと思います。
知人のアフガニスタン出身の記者によれば、２０２１年夏のタリバン政権復活のとき、ＣＩＡと手を組まされていた現地のアフガニスタン人が、アメリカに数千人規模で連れてこられたものの、結局はＰＴＳＤに苦しんでもサポートを得られなかったり、生活に苦しんだり、ホームレスになったりしている現状があるといいます。アメリカが各国で行ってきたことの結果、移民たちの居場所がなくなるという弊害が起きているのです。[*30]
三牧　アフガニスタン難民については、ウクライナ難民への寛大な措置との対照から語られることも多いです。９・11後のアメリカの軍事行動やその後続いた武装勢力同士の抗争によって、アフガニスタンでは20年間で市民5万人近くが犠牲になっています。つまり、今アフガニスタンの人たちが陥っている苦境には、アメリカの責任も大きいわけですが、アフガニスタンの人たちには冷淡な扱いをする。ウクライナ人と、アフガニスタン人やパレスチナ人に対する扱いの違いに、レイシズム（人種差別）が絡んでいないとは言えないでしょう。
アメリカにはまだまだ人種差別、宗教差別がある。とりわけターゲットになってきたのがイスラム教徒です。こうした現状に鑑みても、アメリカのＺ世代の若者がガザに心を寄せていることは革命的なことだと思います。そして彼らのパレスチナ連帯の姿勢は、非西洋世界や多くの人々と共鳴するものです。この点はやはり強調しておきたいですね。これまではアメリカが力にものを言わせて黙らせてきた非西洋の声が、もはや無視できないものとなっている。同じく、若者たちのパレスチナ連帯の声も、たとえどれだけ弾圧しても、長期的な趨勢《すうせい》として、もはやかき消すことはできないのではないでしょうか。
竹田　ひとつの出来事の複雑さが、ＳＮＳではコメントや引用リツイートで補足されることで、細かなニュアンスが伝わり、議論が起きやすくなってきている。これは最近の重要な特徴だと思います。
三牧　ＳＮＳによって、市民が声を上げやすくなっただけでなく、権力者や大手メディアが覆い隠そうとしてきた情報を詳《つまび》らかにすることも可能になった。権力者の裏がはっきりと見えるようになってきた。もちろんＳＮＳにもさまざまな問題はありますが、ＳＮＳが存在せず、ニューヨーク・タイムズ紙だけ読んでいたら決して知りえなかったことが次々と暴露されている。

竹田　私がXに流すプロテスト（抗議活動）とそれに対する警察の弾圧を映す動画には、「一体何が起きているんだ」とか「アメリカはファシズムに向かってしまうのか」といったコメントがよくつくのですが、今、突然始まったことでは決してありません。ずっと以前から続いていたことですよね。

２０２０年のジョージ・フロイドの死に端を発するＢＬＭ運動以来、若者たちの抗議活動は大きくレベルアップしました。具体的な方法論がネット経由で伝播《でんぱ》したり、デモに参加する経験を積んだりしたことで、デモ参加へのハードルも下がりました。同時に制圧側も進化し、監視技術が発達してしまい、制圧する力も強まった。

ＵＣバークレーは本来、アメリカで最も左派的な大学のひとつです。マーティン・ルーサー・キング牧師も演説し、60年代にマリオ・サビオがフリースピーチ運動を展開するなど、抵抗運動の歴史で知られている。抗議活動を行う学生たちがテントを張っている場所は「マリオ・サビオ・ステップス」と呼ばれており、そのすぐ近くには「フリースピーチ・ムーブメント・カフェ」があったりする。つまり建前として、言論の自由を非常に大切にしてきた学校なのです。

学生運動を弾圧すれば、大学イメージの悪化は避けられません。学生たちも抗議活動の存在を承知の上で入学しているし、キャンパスでは普段から、動物愛護団体やキリスト教徒など、いろんな思想の人たちが自らの主張をしているので、「ああ、やってるね」といった感じであまり驚きません。プロテストは日常の風景です。通りがかりに主張を聞いて、対話する場合だってある。今回バークレーで起きたプロテスト・キャンプでは日中、音楽や踊り、スピーチ、ティーチ・イン（討論集会）など、さまざまなイベントが行われました。パレスチナ系の教授が、大学で初めてエスニック研究の科目ができた歴史や、フリースピーチを冠した場所を誇る大学でありながら、教授たちが現状に声を上げないことを批判するスピーチをしているのを自分は聞きました。

プロテスト・キャンプの主宰者である大学院生に取材をしたところ、彼らが訴えているのは、「パレスチナで起きていることがジェノサイドだと認識し、沈黙するな」「アパルトヘイトに加担する組織や軍事開発への投資をやめろ」などの非常に具体的な事柄です。そして学生がデモを行っていることに注目するのではなく、これをきっかけにパレスチナ人たちの声を聞いてほしい、虐殺の被害を受けている人たちに目を向けてほしい、ということも繰り返し主張していた。何よりも大事なのは、パレスチナの解放だと。イスラム系の学生が危険に晒されているのに、大学が何もしないという懸念を示すとともに、半年以上が経って世間の関心が薄れる中で、ガザ危機に再び光を当てることに意義があるのだ、と話していました。プロテスト・キャンプのメッセージをブレないまま伝えるためにも、アメリカ中のプロテスト・キャンプでは「メディア担当者」を任命し、プレスからの質問に対して一貫性を持った答えを返すよう徹底しており、そのことも「過去のデモの失敗から若者たちは学んでいる」と大きな話題になりました。

◆広がるキャンパス・デモとその弾圧

竹田　学生の抗議活動と、大学の管理側のトーンがかけ離れてしまっているのも問題です。抗議活動を行った学生を停学にするといった粛清が行われた大学もあります。
ＵＣバークレーでは２０２４年２月26日、親イスラエル系の学生が主催するイベントでイスラエル軍の与備役兵である弁護士が講演することがわかり、親パレスチナ系の学生たちがイベントの開催を阻止しようと抗議活動を展開しました。[*31] 反ユダヤ主義者が紛れ込んでいたためか、暴力的な活動のせいでユダヤ人学生が怪我《けが》をしたといった噂《うわさ》が飛び交った結果、ユダヤ系やイスラエル支持者たちから「UCバークレーはこんな活動を支持するのか」と批判されてしまった。

ただ、バークレーはすでに述べたように歴史的に多くの抗議活動が展開されてきた大学であり、2017年には白人至上主義者のマイロ・ヤノプルスがキャンパスのイベントに来るとわかると、大規模な抗議活動が起き、火炎瓶や花火が投げられたりした。[*32] あのときは「そうだよね、バークレーってそういう大学だよね」という感じだったのに、2024年2月のデモは規模的には小さかったにもかかわらず、キャロル・クライスト学長名義で「これは我が校のバリュー（尊重すること）ではありません。我々はこんなことを支持しません」と伝えるメールが全学生に何通も届くほど、大学側は警戒感をあらわにした。このわずか2週間前、銃を持ち込んだ人がキャンパス内で撃ち始めるという事件があったときでさえすぐに警告を出さなかった大学が、今回に限ってここまで神経質になるのはおかしい、とみんな言っていました。

イスラム系の学生たちも、唖然《あぜん》としていました。パレスチナ人がガザでこんなに殺されているのに、そしてパレスチナ系の学生もいるのに、そのことについてはメールでも頑《かたく》なに言及されなかったし、それらの学生の安全を守ることを宣言するような表明も、学生からの圧力がかけられるまではなかった。ロシアによるウクライナ侵略については「我が校にはウクライナ系の学生がたくさんいる、彼らや彼らの家族のことを想《おも》いましょう」などと盛んに言っていたのに。

でもそうした事態に対しても、バークレーの学生たちは逆に「これは私たちのバリューじゃない」「大学のシェアホルダー（大口投資者）のバリューを押しつけるな」とSNSなどでちゃんと抗議していた。大学側の発言は、学生の意見を反映しているわけではありません。中にはマイノリティとしてシオニズム思想（パレスチナでユダヤ人国家建設を推進しようとする考え）を持つユダヤ系学生もいるでしょう。でも一方で、私の友人にもいるように、イスラエル出身でありながらイスラエル政府の批判をしている人もいる。さすがはバークレー、いろんな人がいるわけです。

三牧　20年ほど前、つまりアメリカが「超大国」と呼ばれるほどに絶対的な大国であった時代には、ガザでの虐殺に抗議する声をひたすら無視して、「イスラエルの目的は純粋にテロリストの掃討にあり、市民の犠牲を可能な限り避けようとしている」とイスラエルを擁護するアメリカの主張も通用したかもしれません。でも国際社会の構造が変化する今、いまだに20年前の大国幻想にひたっているかのようなアメリカの政治家たちの国際感覚の鈍さがいよいよ露呈しています。アメリカ国内で起きていることと国際社会で起きていることは地続きであり、連動しているのですから。
竹田　そうですね。コロンビア大にしても、大学が学生との合意を目指して平和的に議論すればよかったのに、警察を動員して強制的かつ暴力的に弾圧するから全国の大学にデモが広がってしまった。
２０２４年4月24日に警察に激しく弾圧されたテキサス大学オースティン校のデモに、翌日は倍以上の人数が集まった。スタンフォード大やハーバード大など、いわゆるエリートリベラルの大学でもキャンプが開設され、ニューヨークのファッション工科大学にまで運動が広がっています。

私がそうした状況をSNSに投稿すると、毎度のごとく「そんなの東海岸と西海岸の金持ちリベラルだけだろw」といったコメントばかりがつきますが、実際には違います。運動は裕福なリベラルが通う大学だけでなく、黒人やラテン系など、労働者階級の有色人種の学生が多いニューヨーク市立大学（CUNY）シティカレッジなどにも広がっています。これ以上現状を受け入れられないという思いはみんな一緒だし、示している連帯も一緒。並々ならぬ覚悟を持って運動しているのです。

対応が最もひどかった大学のひとつは、ジョージア州アトランタのエモリー大学だと話題になりました。学生たちの安全を守ろうと間に入った教授や学部長さえ暴力的に抑えられ、連行されていた。救護班の黒人学生など、警官3、4人に取り押さえられ、腕を縛られた状態で、電気ショックを与えるテーザー銃を30秒もの間、足に直接当てられていて、その様子を映した動画が話題になっていました。下手をすれば死に至る行為です。国家権力に対して直接反抗すると、ここまでの仕打ちを受けるのだなと感じます。一方で、2021年1月の議事堂襲撃事件では、警察の一部が暴動者たちを静観していたことが問題になったのに。

三牧　キャンパスで親イスラエルの活動をしているのは、学生たちだけなの？
竹田　いや、そうとは限りません。例えばコロンビア大学で親イスラエルのイベントを設立した集団は州外から来た中年が多く、プロテストマーチをしていたのも愛国主義のクリスチャンの牧師兼歌手に率られた一団だということが特定されていました。[*33]
たとえ右翼団体「プラウド・ボーイズ」のようなネオナチやレイピスト（強姦者《ごうかんしゃ》）がキャンパス内にいたり、レイプの被害者が犯人である学生を告発しても、大学側が何もせず、犯人の学生が停学にならないことはたびたび問題になっている。他方、ジェノサイド反対の声を上げた学生は、それだけで停学処分を受けたりする。もはや、みんなが薄々感じていた違和感がはっきりと確信に変わるような事態が、目の前で展開されているのです。

◆事実を歪めて見ようとする人たち

竹田　日本では1960〜70年代の学生運動が激しく弾圧された結果、運動をするのがダサいというイメージが一部の人たちの間でついてしまったと専門家からよく聞きます。
三牧　運動をダサいと見下して、社会を変えていくことを怠った結果、日本は散々なことになっています。にもかかわらず社会を変えようとする人たちに冷笑が向けられる。この雰囲気をまず変えていかなければならない。

日本でもアメリカの学生デモについては正確に伝えられていないように感じています。パレスチナ連帯を打ち出す学生たちは、世界の複雑さをわかっておらず、世界を「抑圧者」と「被害者」との二項対立に単純化している、とか、過激な脱植民地化のイデオロギーにかぶれている、といった分析もされてきました。なぜもっと素直に、デモに参加している学生たちの思いや、その社会的な意義を伝えないのか。抗議デモを批判するならば、半年間で3万4000人ものパレスチナ人が犠牲になり、そのうち1万人以上が子どもである事実をどう思っているのか。「テロとの戦い」のやむをえない犠牲とでもいうのでしょうか。メディアも市民目線や庶民感覚、人道意識を失い、いよいよ体制派になってきている気がします。

竹田　例えば、「The New York War Crimes」というウェブサイトでは、ニューヨーク・タイムズが言葉による加害をいかに繰り返しているかを具体的に指摘していて、ジャーナリストたちの間でも最近問題になっています。

三牧　ニューヨーク・タイムズ紙も、ＢＬＭ運動のときは、抑圧や差別に抗議する側に共感的なトーンでしたよね。イスラエル問題になると、ここまで大手メディアがそろって抑圧者側の視点に立ってしまう。実に異様です。
竹田　イスラエルのネタニヤフ首相が動画で「アメリカのキャンパスで起きていることは反ユダヤ主義の事例であり、断固として許されない」と発表しましたが、[*34]それを見た多くの人は「さすがに度が過ぎている」「なぜアメリカの大学が外国の政治に搦《から》め捕られなきゃいけないのか」と思い始めています。
そもそも大学は大前提として学生を守るべき場所ですよね。ＵＣバークレーの経済学者、ロバート・ライシュ教授もガーディアン紙でコメントしていました。「大学とは議論が行われる場所であり、学生の表現や発言の自由が担保されているべき場所である」と。[*35]
自分の経験の話になりますが、ＵＣバークレーに親パレスチナのキャンプが設置された日、通りがかりに写真を撮って、Instagram の「親しい友達」宛のストーリーに載せたんです。そうしたら知り合いのフロリダ出身のユダヤ系ミュージシャンが、「ユダヤ系にとって大事な祝日（過越祭《すぎこしさい》、パスオーバー）になぜユダヤ人をボイコットするんだ」とリプライしてきました。仕方がないので、「それは抗議活動を主導しているユダヤ人のグループに聞いたら」と答えました。実際、このキャンプにはBerkeley Law Jews for PalestineやJewish Voice for Peace（平和へのユダヤ人の声）といったユダヤ系の団体もたくさん参加しているし、キャンプではパスオーバーを祝うシャバット（安息日）も行われていた。

それなのにその人はとても攻撃的な長文を送ってきて、「ユダヤ系を迫害するようなことに賛同するなら、今すぐ俺をアンフォローしろ、動画はわざわざ送らないけどアメリカ中でユダヤ人差別が起きていることにおまえは目を背けるのか」などと言ってきたので、私は「ちょっと落ち着いて。私はどちらに賛同しているとも言っていない。ただ写真を撮って載せただけ。そもそもこのプロテストにはユダヤ系の学生もたくさん参加しているし、パスオーバーをお祝いするイベントもやっているんだよ」と返したのですが。

つまり、「ユダヤ系の学生の安全を守るために」警官を動員することは、皮肉にもプロテストに参加しているたくさんのユダヤ系の学生を危険に晒すことにもなるわけです。

三牧　今回、アメリカの大学での抗議デモがすごく大きな動きになっているのを見ながら、ふと、ネット論客のひろゆき氏が、誰もいない時間帯に沖縄の辺野古《へのこ》の米軍基地建設地に行って、「誰も居なかった」と、基地建設に反対する座り込み抗議活動をしてきた人たちを揶揄したツイートを思い出しました。数十万ほど「いいね」されていましたよね。「あんたたちは正しいと思って抗議しているのかもしれないけれど、賛同者いないじゃん」とバカにする、「多数派こそが正義」という価値観。しかし、今のアメリカのイスラエル政策のように、多数派が間違った方向にいってしまうことは大いにある。

竹田　私に突っかかってきた例のミュージシャンのような人たちの主張で危険なのが、反イスラエル＝反ユダヤ系と結びつけていること。それこそ最もユダヤ人差別につながりかねない考え方です。ユダヤ系自身が「自分たちはシオニストじゃない」と勇気を出して言っているのに対して、ユダヤ系とイスラエルを直接結びつけるような主張はむしろユダヤ人を一括《ひとくく》りにし、差別の対象にしやすくします。そのような人種差別的図式を、ネタニヤフを筆頭にたくさんのユダヤ系の人たちが自ら作り上げてしまっているのです。

オンライン授業で、ユダヤ系の学生が攻撃されているように感じて不安になるから、パレスチナの旗の絵文字をZoomのアカウント名に入れてはいけないとコロンビア大学の教授が要請したことも問題になりました。大学卒業式のときにも、クーフィーエを巻いていたりパレスチナの旗を持っていたりした学生が壇上から引きずり下ろされて……。もはやムスリム学生に対するただの人種差別ですよね。

いろんな大学でパレスチナ系やムスリム系の学生はしょっちゅうハラスメントやヘイトスピーチをされています。1月にはコロンビア大学のプロテストで強烈な悪臭を発する化学物質であるスカンクを撒《ま》かれて何人もが被害を負いましたが、大学側はそのようなことには大々的に対処しない[*36]。

三牧　イスラエルがアメリカの大学に入り込んでいるのは今に始まったことではありません。親パレスチナの教員や影響力のある学生をリストアップして、批判や中傷の対象にしてきた。カリキュラムも細かくチェックしていて、「イスラエルはパレスチナ人を組織的に抑圧するアパルトヘイト国家だ」と教える教員には外交官による抗議も行われてきた。同じことを中国がやれば、アメリカは間違いなく「内政干渉だ」と騒ぐでしょう。それなのにイスラエルがやっても問題にしないどころか、むしろ「反イスラエル的な抗議や動きを一緒に撲滅しましょう」と寄り添っている。ここまで他国による介入を許しているわけで、アメリカの民主主義が疑われる状況です。

しかも、バイデン政権は中国による香港《ホンコン》などでの抗議デモの弾圧については、「言論の自由への挑戦だ」と批判してきたのに、国内のイスラエル抗議デモについては、警察による過剰な取り締まりを当然視し、擁護すらした。しかも当のバイデンは、ダブルスタンダードにまったく気づいていなかった。それほどまでにイスラエル擁護は国是になっているということでしょう。

しかし、そうした前提がZ世代においては揺らぎつつある。何があってもイスラエル支持という姿勢への本格的な異議申し立てが起こりつつある。これはアメリカにとって、大きな転換点になると思います。この動きをアメリカ自身がいつも批判している中国やロシアのような手法で抑えてしまえば、アメリカの国際的説得力はいよいよ失われます。

◆Z世代が抱えるストレス

三牧　そうしたアメリカの矛盾は、ガザ問題を契機に一気に可視化されたと思います。コロンビア大学のネマト・シャフィク学長は、エジプト系の女性で一見、多様性を象徴する方に見えますが、世界銀行など金融機関で資本主義にどっぷり浸かってきた人でもある。

イスラエルの軍事行動や占領政策に関係している企業からの投資の引き揚げを求める学生の抗議活動に対する、あの苛烈な取り締まりを見ても、彼女が今、守ろうとしているのは、言論の自由や多様性が実現された大学ではなく、ネオリベ的な大学経営ではないかとも思えます。多様性は大事だ、しかしそれは、大学経営に影響しない限りで、というその姿勢が、今回のデモ排除ではっきりと露呈しましたね（シャフィク氏はデモへの対応を批判されて２０２４年８月、学長を辞任）。
竹田　そう。大学や学生のことより、寄付者のこと、自分たちのお金のほうが大事なヘッジファンド的な経営陣が多い。政府や大学のお金の使い道については、支持政党の領域を超えた緊迫感のある問題になっています。抑圧や監視目的のお金はかけるくせに、図書館の開館日は減らすとか。
三牧　アメリカでもそうなんだ。
竹田　そうなんです。２０２３年に始まったニューヨーク公共図書館の開館日短縮は、大きな問題になっています。*37
イスラエルへの支援金を使えば、全米の飢餓問題やホームレス問題も改善できるのに、国民の生活を改善することにお金を使わず、国民を制圧することにばかり膨大に使っている。アトランタの緑地地帯には、税金から9000万ドルを投じて「コップ・シティ(Cop City)」というアメリカ最大規模の警官トレーニング施設が建設されています。コップ・シティへの異議申し立てや抵抗は2021年あたりからずっと続いています。

2020年には、「学校から刑務所へのパイプライン(School-to-Prison Pipeline)」が話題になりました。黒人の子どもが多い小中学校に警察官を配置するなどして、ちょっとしたことですぐに逮捕、刑務所に入れて実質無償労働をさせる。[*38] 教育よりも収監を優先するシステムです。

アメリカの大量投獄については、現代の奴隷制度としてドキュメンタリー映画化(『13th——憲法修正第13条』)もされました。資本主義のためにマイノリティや貧困層が搾取されているという、今まで見えなかったアメリカの闇の部分がどんどん明らかになっています。

三牧　BLM運動が全米に広がった2020年に、バイデン政権が掲げていた警察改革が実行されなかったということですよね。移民問題についても、不法移民を排除するためにトランプが計画したメキシコとの国境沿いの「壁」の建設が進んでいる。これらは民主党の裏切りと見られてもしょうがないものです。

そもそも警察改革は、バイデン自身の年来の主張ではなかった。2020年大統領選の民主党予備選で接戦をくり広げた左派のサンダース議員の支持者たちを取り込むために、便宜的に取り入れただけです。今回もサンダースは、キャンパスに広がるパレスチナ連帯デモを「反ユダヤ主義」だと批判したネタニヤフ首相の演説にもいち早く反論し、学生たちを守ろうとしていますが、バイデンはむしろ学生たちを批判し、警察を強く擁護している。

竹田　警察組織強化は、政権にかかわらず、アメリカでずっと続けられてきたことです。そんな中で、エモリー大学で教授が警察官に押さえつけられている動画を保守派の人たちがツイートして、「これがバイデンのアメリカだ!」と言っている。そうした国内や大学の問題は重要ですが、例えばガザの病院の敷地内で300人近い遺体が発見され、中には手を縛られた状態の人もいたことはほぼ報道されない、注目されないというメディアの問題も深刻です。学生運動のモラルが議論される一方で、人が殺されることに関する議論は起きない。本当に矛盾だらけです。

例えば貧困層や有色人種の学生の多いカリフォルニア州立工科大学ハンボルト校の抗議活動では、学生たちが教室に椅子や机を積み上げ、腕を組んでバリケードを張っているところに警棒を手に重装備した警察官が踏み込み、揉《も》み合いになりましたが、学生たちがそのようなバリケードを築けたのは、実はサンディフック小学校銃乱射事件以降のトレーニングによるものです。

私自身、小学生の頃から緊急事態に対応する術《すべ》を繰り返し訓練されてきました。日本人が地震発生時の対処法を叩《たた》き込まれているように、アメリカのZ世代もロックダウン訓練という特殊なトレーニングを積まされているのです。学校で授業中、突然「不審者が侵入した」と校内放送が流れ、先生たちが教室の窓やシャッターを閉め始めたら、一斉に机や椅子の下に隠れる。いつ不審者が入ってきてもおかしくないのだ、という意識を幼い頃から埋め込まれるのはすごく怖いし、大人が信用できなくなります。子ども時代をのほほんと生きてこられた上の世代と比べ、私たちはかなり過酷な経験をしている。そうして子どもたちに危機対応力を植えつけた結果、プロテストに長《た》けた世代が生まれたというわけです。

2022年、テキサス州南部ユヴァルディのロブ小学校で銃撃事件が起き、小学生19人が殺されたときも、警察は長い間教室の外で待機し、何もしなかったことで多くの救えたはずの命が失われました。それなのに今回のキャンパス・デモでは、学生が非武装で無抵抗なのがわかっているにもかかわらず、ただちに突入してきている。1970年にオハイオ州のケント州立大学で米軍のカンボジア爆撃に抗議する大規模デモがあった際、州兵が発砲して学生4人が殺害されたのですが、今回も当時のようなことに発展してしまうのではないかとみんな恐れていました。

EV車やソーラーパネルへのシフトなど、ミレニアル世代が掲げてきた民主党的な環境問題対策への疑問も、若い世代の間では湧き起こっています。電気自動車のバッテリー生産が、発展途上国での労働者の搾取や新たな環境問題を生んでいる。ある人にとってはいいことが、ほかの人への搾取につながっているかもしれない。

ミレニアル世代の間でエシカルであると流行《はや》ったオーツミルクやヴィーガンレザーはその好例です。牛革を使わないのがエシカルと言うけれど、牛肉のために殺される牛が減るわけではない。その皮を無駄にするほうがおかしいじゃないか、と思う人が増えている。

それにヴィーガンレザーはプラスチック。消耗が激しく、ゴミになっても土に還《かえ》ることはない。革ジャンが欲しいのならヴィンテージを買えばいい。消費主義に基づくエシカルの矛盾が指摘される時代になっています。

ＳＤＧｓも日本では頻繁に話題になりますが、メディアで扱われる文脈としては、政府の政策やより大きなシステムのシフトではなく、結局は個人の行動を促すだけのものが多い。プラスチックストローを廃止し、紙ストローにする動きが活発になる一方で、ビットコインマイニング（仮想通貨のデータ検証参加で報酬を得ること）のために大量の水とエネルギーが使われたり、ＡＩツールの使用と開発が莫大なエネルギー消費につながっていたり、大規模な環境破壊が現在進行形で起きている。ミレニアル世代の人たちは、まるで個人の行動で環境全体が変わるかのような教育やポップカルチャーを経験してきたわけですが、それにも限界があります。

昨日大学で話をした同級生は、「なんでもかんでも自分たちのせいにされるのが、疲れる」と言っていました。「どんな選択をしても誰かを傷つけてしまうのが、すごくストレスだ」と。社会状況が悪化すれば、若者のせいにされる。自分たちは大人たちのやってきたことの尻拭い役でしかなく、すべての責任を負わされるのが嫌なのです。

牛乳を飲めば牛の虐待につながるし、オーツミルクやアーモンドミルクも環境破壊につながっているし添加物も入っている。ミレニアル世代の間で健康食として流行ったアボカドも、栽培に大量の水が必要だという。もはや何をしても世界の破壊につながると思うと、生きているだけでつらい。話をしてくれた同級生はストレスを解消しようとパブに行ったが、ルーフィー（睡眠薬のフルニトラゼパム）の投入に常に警戒しなければならないし、怪しい男性がいて身の危険を感じ、もしこの人が銃を持っていたら、どうやって逃げようか、最も近い出口はどこかと常に考えている自分がいる。どこにいても治安に問題があって、身を守ることを考えて緊張しなきゃいけないのも、ものすごくストレスだ、と不安症や強迫性障害の理由になっている日常のストレスと社会のつながりを挙げた。

つまり、世界で起きていることすべてがつながっていて、個人の力ではなかなか変えられないことがわかってきてしまったのが今なのです。


（2024年5月収録後、加筆修正）

第4章 ポスト・アメリカン・ドリームの時代に

カリフォルニア大学
バークレー校(UCバークレー)
でのキャンパスデモ。
2024年5月。

写真提供／ユニフォトプレス

◆アクションを起こす若者、揶揄する大人

三牧　ガザ危機が浮き彫りにした大人と若者の溝。それがこれからのアメリカに何をもたらしうるかを本章では考えたいと思います。
竹田　接するメディアが違うことで、大人と若者の溝がますます深まっているというか、情報の差が開いているんですよね。ニューヨーク・タイムズ紙を読み、NPRを聴き、CNNを見ている自称リベラル知識人は、ネットやSNSを批判して触れようとしない人が多いから、偏向報道に違和感を持つことがますます減ってしまうし、考えが偏ってしまう。そういう大人たちにSNSで知った情報を伝えると、「そんなことになっているの⁉」と驚かれます。
CNNなどが「学生同士の抗争が勃発」「デモが過激化」と報じる一方で、TikTokを見れば、コロンビア大学のプロテストキャンプのテントで学生たちが平和的に本を読んでいる動画が流れてくる。「権力を疑う」若者が信じやすいのは、ニュースアンカーよりも学生の投稿したTikTok動画です。でも一部の大人はTikTokを使う若者は過激化してい

る、と見てしまう。「過激化」した若者と、既存の権力を維持したい「リベラルな」大人がお互いへの不信感を募らせています。

とにかく、国内では今や「アメリカ＝若者を守らない国」というイメージになってきています。ある意味それは日本とも共通しているかもしれませんが、もっと過激な状況です。既得権益を守ることにしか興味がない大人たちへの不信感が、若者たちの間ではどんどん広がっている。大学も警察も学生を守ろうとしないばかりか、何もしていない学生を暴力的に制圧する。そしてメディアは「プロテストの過激化」と、どっちもどっちというかのように報道する。若者が「自分たちのこと、どれだけ嫌いなの!?」と絶望的な気持ちになるのは当たり前ですよね。

いわゆるインテリ層にも問題があります。アトランティック誌（ボストンの総合月刊誌）やニューヨーク・タイムズ紙、ニューヨーク・マガジンなどのインテリ層やリベラルの間で好まれてきたメディアのライターたちが、いかにも難解な言葉を使って「若者たちは過激化しすぎている」とか「分断を煽っても解決はしない」といったコラムを冷笑的に書いているのです。現実を目の当たりにして、一刻も早く虐殺を止めるべくアクションを起こす若者vs.自分が共感・理解できないことへの拒否感を若者の発言に対してぶつける大人、という構図ができ上がっています。

先日も大手有名メディアのジャーナリストが、「キャンパス・デモを取材しようと思ったら、誰も話してくれなかった。これは情報統制だ」「何のために活動しているかさえ説明できないのか」と息巻いていましたが、そうじゃないんですよね。*39

今のキャンパス・デモは、非常にオーガナイズされています。2020年のBLM運動以来、さまざまなアクティビズムに携わって試行錯誤をしてきた世代なので、経験値が高いんです。例えばベトナム戦争時にデモをやっていたOBなどに経験やノウハウを聞き、どうすればデモの有効性が高まるかを考えている。だから、自分たちだけでやるというよりは、多様なコミュニティの活動家を巻き込み、みんなでやるという方向に進んでいるところも多い。

さきほども話に出てきましたが、ちゃんとメディア対応担当をつけて、自分たちが何に対してどういう理由で抗議しているのかを非常に明晰《めいせき》に話している。よくわかっていない学生が取材を受けて、その受け答えがメディアに悪意をもって利用される危険性を自覚しているし、不信感を抱いているからこそ、担当者を置き、正しい情報を出す仕組みを作っている。ほとんどのキャンパス・デモはしっかり整理整頓されていて、ノリでやっているのとはまったく違います。学生たちがよくわからないまま闇雲にデモをやっているというナラティブ（話）を作りたいジャーナリストやコラムニストたちは、思うように学生が動かないのでイラついているようですが。
三牧　サミット反対デモなど、１９９０年代からさまざまな占拠デモにかかわってきたリサ・フィシアンの動画も拡散されていましたね。警察が、学生たちはこういう「シニアのプロ活動家」に扇動されているのであって、自分たちで考えて、自分たちの意思で行っているのではないというレッテル貼りをするためにフィシアンの動画を出したのですが、これをCNNなどのリベラルメディアも大々的に報じた。
竹田　メディアは若者が過剰に盛り上がっている、というナラティブを描こうとしているんですよね。
三牧　親パレスチナデモは世界各地に広がっている。とりわけ中東諸国やインドネシア、マレーシアなどムスリム人口の多い国々ではすさまじい規模で行われている。中東では親イスラエル的な姿勢をとってきたとしてスターバックスの売り上げが大きなダメージを受けたそうで、市場戦略を考え直すほどだといいます。アメリカのメディアだけ見ていると、「過激化する学生たちの親パレスチナデモ」という言説ばかりが流布していますが、そうしたデモは世界のあちこちで起きていて、広がり続けているのです。

◆ガザ危機は労働問題ともつながっている

竹田　私はよく日本人から「世代で括るな」と批判されるのですが、特にアメリカにおいては、世代の差は大きいと実感します。声を上げる若者と、それに反対する上の世代との衝突がなぜ起きているのか。なぜ若者が上の世代とは違う思想を持ち、こうした行動に出ているのか。アメリカの全世代を一括りにして見ていても、捉えきれないと思います。スターバックスの不買運動がここまで大きくなったのも、親パレスチナのスタンスを表明した労働組合を会社側が訴えたのが発端です[*40]。
若者にとって労働者の権利は大きな論点です。共産主義や社会主義が支持され始めているのも、労働者とビリオネアの格差が大きすぎるあまり、資本主義のオルタナティブを探さなくては、という切迫感からです。労働問題は特にストライキなどを通して連帯や結束によって労働条件を良くするなど、比較的手っ取り早く生活に直結する変化が見られやすい。

資本主義のよさを感じたことがないし、働き方も変わっている。現在進行形で大量のパレスチナ人が殺されていることがわかっているのに、何事もなかったかのように仕事に行かなくてはいけない精神的ストレスも計り知れないほど大きい。この戦争も、コンゴ民主共和国での児童搾取や人種差別も、アメリカの植民地支配や抑圧も、すべては資本主義の結果でありつながっている。

UCバークレーのデモ・キャンプでは、2024年5月に入ってテントが急増しました。それは労働組合や同窓生のビレッジができたからです。つまりガザ危機は労働問題ともつながっていると認識されている。私は2022年に大学院での研究と並行して、大学で助手の仕事もしていたのですが、カリフォルニア州の家賃や生活費の高騰に比べて賃金が上がっていない、大学だけが貯金を増やして我々には利益がないのはフェアじゃないとして、2ヶ月近くストライキが行われました。そういう経験も経て、労働と政治の関連を実感する人が増えていると思います。

三牧　スターバックスでは、経営陣が親イスラエルの姿勢を崩さない中、労働者たちは虐殺への抗議やパレスチナ連帯の意思を示し続けてきました。[*41]大学執行部と学生の対立構造は、経営陣と労働者の対立にも重なるように思います。持てる者がイスラエルを擁護するのに対し、持たざる者たちがパレスチナに連帯する。

コロンビア大学でガザ虐殺に抗議するデモ隊がハミルトン・ホールを占拠したのを見て、ベトナム戦争を想起した人が多かったようですね。ベトナム反戦運動が300万人ものベトナム人が殺された戦争を終わらせる力になったことは疑いえない。ただ、アメリカの政治や社会を根本的に変えることにはならなかった。戦争するほど儲かる特定の企業と政治家の密接な関係性や構造は温存された。

その後、平和的に冷戦終結が実現したとき、アメリカはそうした戦争体質を問い直すことができたはずです。でも結局、湾岸戦争が勃発し、決定的なことに9・11後に「テロとの戦い」を始めた。こうしてアメリカの歴史では、ひとつの戦争や対立が終わり、今後は軍拡ではなく福利厚生や格差是正に注力して社会を変えていきましょう、という流れになってきたかと思うと、また新たな敵が「発見」され、根本的な戦争体質は温存されてきた。声を上げる若者たちへの弾圧の厳しさは、若者たちの批判が、アメリカの戦争体質という、根源的な、そして支配層にとっては変えたくない構造に向けられていることによるのだと思います。ガザからの生の情報が得られるSNSは、「若者の過激思想」の温床とみなされ、規制が進む。日刊紙も「学生たちは親ハマスだ」「パレスチナ連帯デモは、アメリカの分裂を目論《もくろ》む中露の画策であり、若者たちは騙《だま》されている」といった陰謀論めいた記事を盛んに掲載しています。「デモの背後には、敵国がいる」というレトリックは、ロシアやイランのような権威主義国がデモを取り締まるときに使うお決まりの論法そのものです。

たとえ主張に賛同しなくても、平和的な抗議については尊重する。それが民主主義国の鉄則であるのに、アメリカは権威主義国家と同じことをし始めていて、しかもその矛盾に気づいていない。民主主義を掲げながら、民主主義を踏みにじる。こうした自国政府の無頓着さも、若者たちを苛立《いらだ》たせています。

◆デモをする若者＝反アメリカ⁉

竹田　今の話を聞いて、思い浮かんだことがあります。

まず、デモに反対する大人には2種類いるということ。自分の利便性が奪われるのが嫌だからという自己中心的な人。日本にはこのタイプが多いですよね、「迷惑行為だ」と。アメリカにも少ないながらもいて、自己中心的な発想だという認識もあるから、はっきりと「迷惑だ」とは言わずに、「そんなことやったって、うまくいかないよ」とか「もっとほかに訴える手段があるでしょう」と批判する。デモが不快なのは、自分の無関心が浮き彫りになってしまうから。自らのdiscomfort（居心地の悪さ）と向き合えないから誰かを攻撃するというのは、「自称リベラル」の人によくある態度です。

もうひとつのタイプは、イスラエル支持こそがアメリカ愛国主義者だという非常に歪んだ思想の持ち主です。シオニストはこの思想を利用し、「我々はアメリカを愛しているからこそ、イスラエルを支持するのだ」と言っている。ユダヤ系の知り合いは、「ホロコーストを経験した親族を持つ我々は、いつ民衆に裏切られるかわからない。イスラエルという国の存在は我々にとって心の拠《よ》り所《どころ》であり、反イスラエルを掲げられること自体が恐怖だ」と言っていて、わからなくもありませんが、それを「アメリカ愛国主義」と結びつけ、左派の若者は「反アメリカ」だというのは違います。TikTokを禁止するのは「反中国」だとか、外国政権を批判してきた視線が、今度は自国の若者に向いているのです。

一方で、宗教や人種を問わず、クーフィーエを巻いた学生たちが嘲笑されている動画が拡散されたときも、20年前なら「この動画に憤慨するのは私だけなのかな」と思っていたでしょうけれど、今はそうした場面は人種差別経験のある多くの人たちの連帯を呼び起こす要素になるんですよね。

三牧　アメリカと同じような状況は日本にもあります。日本はもう少しマシな国のはずだと信じる人たちが、裏金問題はじめ腐敗した自民党の体質を批判すると、「反日」と批判される。「どんなに自国が腐っていようと批判は許さない」という態度は真の愛国とは言えません。

同じように、アメリカのイスラエル政策についても、アメリカは本来このような人権侵害国に加担する国ではないのだから修正しよう、とか、理想とかけ離れたアメリカを作っているのが誰かがわかってきたから、そういう人たちを政治から追い出そう、と考え、行動する人々は続々と出てきている。それは国を思うがゆえの行動なのですが、「反米」と批判されてしまう。「愛国」の名のもとに、イスラエルによるジェノサイドが強く疑われる軍事行動を批判することすらできないというのは異常です。このような誤った「愛国」が広まるアメリカは、国際社会から見れば、異常なジェノサイド擁護国にほかならない。

竹田　タイム誌によると、日本はパレスチナ支持が多く、イスラエル支持が急激に下落した国のひとつとのこと。[*42] ムスリムの友人が意外だったと言っていました。かつて侵略国だったことはさておき、「戦争反対」の土壌がしっかりあり、無関係の市民が犠牲になることへの拒否感が強い。

イギリスの保守派のTVパーソナリティ、ピアーズ・モーガンがイスラエルの報道官を番組ゲストに呼んだときの動画が話題になっていました。[*43] モーガンが「ハマスを何人殺したかはわかるのに、ガザ市民を何人殺したかはわからないのか？」と聞くと、その報道官は「数を把握していないわけではない」と回りくどくぼかすだけで、答えないんです。そこでモーガンが、「市民を殺さないよう配慮し、綿密に計算しているというのなら、市民の犠牲が何人出たかはわかるはずだ。なぜ俺の質問にはっきり答えない？」とブチ切れた。イスラエルの欺瞞が浮き彫りになっていました。

イスラエル人はもちろん、イスラエルを支持するアメリカ人にも、パレスチナ人など茶色い肌の人は人間じゃないという刷り込みがすごく強いんです。9・11を経験した人たちは特に、アフガンの人たちへの怨恨が拭えていない。でも9・11を知らない若い世代には、その感覚はわからない。多様化が進み、クラスにムスリム系の子がいるのは当たり前になっている。あらゆる意味で、大人と若者の乖離が大きくなっています。

◆プロテスト・キャンプが提示する新しい学びの場

竹田　今回のキャンパス・デモで興味深いのが、各大学における学生による「キャンプ」が、大学のオルタナティブな形を提示していることです。
スタンフォード大学では、抗議をしている学生たちが自ら「図書館」を作り、独立系出版社がパレスチナの歴史やデモの歴史の本、抵抗運動に関する理論や思想の本を寄付してくれたり、学生が持ち寄ったりして、棚ができている。ＵＣバークレーでは、教授たちが代わる代わる立ち寄っては、バークレーの歴史やカリフォルニア州におけるデモの歴史、移民としての自らの物語など専門分野とガザ問題に引きつけて講義している。

大学がヘッジファンドのようになっていることが判明して不信感が募る中、大学に本来あるべき学びの形が、皮肉にもプロテスト・キャンプで具現され、オルタナティブな学び、大学の形を提示する場にもなっているのです。ＢＬＭ運動や「Stop Asian Hate」運動でも、学びにとても意欲的な若者たちがいた。

テイラー・スウィフトやアレクサンドリア・オカシオ＝コルテスをファンダム的に崇《あが》めて消費するのではなく、学びを通して批判的視点を獲得することがクールであり、必要なことであるという認識がかなり広がっている。もちろんファッションとしてかっこいいからやっているという人もたくさんいると思いますが、今まで教えられてきたことが間違っているというクリティカルな視点を持つことは、とても重要です。

帝国主義や黒人・パレスチナの歴史について学べば学ぶほど、世界と自分のつながりが見えてくる。世界のあり方に責任を持つ社会の一員として、自ら学び取っていこうという意識が高まっていて、書籍はもちろんＳＮＳも使って学ぶ人が多い。Ｚ世代は単に感情的に「戦争反対」と叫んでいるわけではないのです。

三牧　今まで絶対視されてきた権威や知識人は、ガザ問題については、指針になりえないことが続々と露呈してきています。日本でもよく知られているドイツの哲学者、ユルゲン・ハーバーマスやマルクス・ガブリエルは、ホロコーストの責任を負い、イスラエル擁護を「国是」と位置づけるドイツの土壌もあって、イスラエルの軍事行動を強く支持し続けています。倫理や道徳を語り続けてきた彼らですが、これだけ無差別に、万単位のパレスチナ市民が殺されている現状の倫理的な問題については語りません。まるで、人種によって命の価値には差があるのだといわんばかりの議論です。これほどの知識人が、イスラエルの問題になるとここまでバグを起こし、良識ある市民には到底許容できない議論をしてしまう。非欧米世界ではいよいよ欧米知識社会の限界が語られています。

もちろん非欧米諸国だって、さまざまな人権問題を抱えています。しかし、ガザの問題に関しては、非欧米諸国こそが命を守るための正論を掲げてきた。シンプルに、虐殺をまずはやめねばならない、といっているわけですから。「テロ」の脅威を取り除くためであれば、他人の土地に踏み入って無差別的な軍事行動をしてもよいというようなことは法も道徳も認めていない。南アフリカの訴えに基づくＩＣＪでの裁判は、イスラエルの行動とともに、それを支援する欧米諸国の責任をも問うていると思います。道徳や倫理は、もう欧米諸国の独占物ではない。否、今までだってそうではなかったが、そう思わされてきた。私たちはいい加減目覚めなければならない。

Ｚ世代の存在は、そうした時代の転換期の象徴といえます。アメリカ史上、最も多様な世代である彼らは、上世代のように非欧米社会への蔑視や優越感は持ち合わせていません。非欧米諸国による欧米の虐殺加担への批判を誠実に受け止めようとしている。世界の変化に最も敏感に対応している世代なのです。

竹田　もうひとつ、三牧さんの話を聞いて思い出したのが、コミュニティ・ケアのことです。あらゆる人にとって安全なスペースやコミュニティ・ケアの形を提示する意味合いも、キャンプにはあります。

スタンフォード大の学生デモ参加者が「キャンプに来て、ガザ侵攻開始以来、初めてぐっすり眠れた」と言っていたのが印象的でした。我々の世代はガザ問題に限らず、ありとあらゆる社会問題が存在しないかのように振る舞うよう強いられています。Google にしても、「あなたの個性を受け入れる職場です」という触れ込みで社員を募集しておきながら、実際に受け入れられるのは仕事向きの表層的な個性であって、彼らの本当の政治信条ではないことが、今回の件ではっきり見えてしまった。アメリカ社会のほうが日本社会よりも本音と建前の線引きがはっきりしている気がします。
ガザ問題については、話したくても暗喩を使って話すしかないし、コロナだってまだあるのに終わったかのように話さなくてはならない。とにかく世の中はすべてうまくいっている、何事も起きていないかのように生きなくてはいけないというストレスがすごくのしかかっているのです。
三牧　そもそも少子化でアメリカより人口は少ないですが、第5章で詳述するとおり、日本の若者たちは政治的立ち位置を問わず、ガザで大変な人道危機が起きていることに関心を持っていて、いろんな抗議行動も生み出されてきたと思います。
竹田　日本は公に政治の話はすべきではないという慣習がある国だけど、アメリカはその逆で、政治の話は日常的にするのが基本なのに、アメリカの根幹を否定するようなことを言うと、制裁を受けるという現状がある。

これまでは、資本主義社会の下、ひたすら仕事をして夜遅く帰宅、サードプレイス（家庭・職場以外の社会的居場所）など外でコミュニティを形成する機会も失われ、核家族でやっていくしかなかった。そうした忠実な労働者こそがよいアメリカ人像と思われてきたけれど、賃金の約半分が家賃に消えていく中で、忠実な労働者であることのバカらしさに気づく人が増えてきたのだと思います。

唯一の自由時間である休日を「オフタイム」と呼ぶのっておかしくない？　自分たちの時間は何のためにあるのか――仕事への捉え方がラディカルになるにつれて、コミュニティ・ケアの喪失にも注目が集まっています。個人主義が極まり、他人に頼らず生きていくことが定着した結果、空港までの送迎や引っ越しの手伝いを親しい友人にさえ頼めない状況になっているのです。「それはお金を出して専門家に頼みなよ」と言われてしまう。お互いを守らなきゃいけないというコミュニティ・ケアの議論は次々と起きてきています。

「自分たちを守らなきゃ」と切実に感じる若者たちがすべてではありません。でも、サンディフック小学校銃乱射事件やユヴァルディのロブ小学校銃撃事件の後には小中高生たちがストライキを行ったり、今回の学生運動でも、お祈り中のムスリム学生が攻撃されないように身体をブランケットで隠してあげたりと、左派の若者たちの間でコミュニティ・ケアが急激に定着しているのは確かです。

お互いが連れていかれたり逮捕されたりしないように、みんなで腕を組む方法も確立されてきているのですが、それも銃撃事件の際にお互いを守らなくてはという連帯意識が高まったこと、大人は助けてくれないという不信感に端を発している。お互いへの思いやりが若者たちの間でこれだけ定着したというのは、ある意味ですごいことだと思います。大人たちは「そんな遠くの国で起きていることに、なぜそんなに盛り上がれるの」と言いますが、そもそも人間としての基本的な共感性がないこと自体が、恐ろしいことだという感覚が私たちにはあるんです。

◆排除される人たちがいる国を愛せない

竹田　アメリカは若い国であり、多様な人々から構成されているので、国への感情はさまざまです。9・11では「アメリカという自由が脅かされている」と、一気に連帯が生まれたと言われますが、経験していない世代は「アメリカ」という国への違和感が強く、トランプの「Make America Great Again」や国旗、国のコンセプト自体が人種差別主義者、排他主義者の思想と一続きのように感じている。それは、アメリカには保守的でクリスチャンの白人しかいない、移民も有色人種もＬＧＢＴＱもいない、というのがトランプをはじめ多くの人が考えている「アメリカ」であることがあらわになったからにほかなりません。

ビヨンセの最新アルバム「COWBOY CARTER」（２０２４年）のジャケットイメージは、アメリカ国旗を手にした写真でした。国旗の上部が大胆に見切れていたため、もしかしてアメリカを批判しているのではないだろうか、それともアメリカを称賛しているのだろうか、と大きな議論が巻き起こりました。議論が起きること自体は、アメリカの日常ですよね。ただ、アメリカ国旗自体が、意見の割れる存在になった。アメリカという国は多様なみんなで作っているものだと言われてきたのに、今や白人の帝国主義的利益を守るためには何でもすることがどんどん明らかになってきている。ただの国旗をめぐっても、そうしたシステムに対する批判と議論が噴出しています。

三牧　アメリカでは若い世代ほど自国を誇りに思う割合が低い。２０２０年のギャラップの世論調査で、「自国をとても誇りに思う」と回答した割合は18―29歳の年齢層だと2割ほどで、上世代の半分ほどでした。でも、これは悪い傾向でしょうか。そうは思いません。彼らの自国肯定感の低さは、自国の暗部を誠実に見つめる姿勢から生まれている。

9・11後のアメリカで、団結や愛国がうたわれる中で、ムスリムは「テロリスト」と同一視され、モスクが襲撃されたり、ムスリム女性がまとっているヒジャブを剝がされたりするなど、ムスリムへのヘイトが横行しました。団結や愛国がうたわれるとき、とりわけそこで「敵」が想定されているとき、必ず排除される人が出てくる。そうした意味で、愛国とは、マイノリティへの暴力の契機を孕《はら》んでいる。国旗を見て嫌悪感を抱くのは、誰がこの国旗のもとに連帯できて、誰が排除されてきたのか、この国旗のもとで誰への暴力が正当化されてきたのか、そうした批判意識ゆえではないでしょうか。無批判的にどこでも国旗を掲げないでほしいという感覚は、多様な存在への配慮にも見えます。

竹田　そうなんです。いわゆる「リベラルな大学」では、ランド・アクノレジメント（Land acknowledgement：領土承認）をする慣習があり、UCバークレーでもスピーチの前には「本学が置かれている場所は、かつて先住民族オローニ族の土地であったことを認めます」と前置きがされます。卒業式でも必ず領土承認はする一方で、「決してパレスチナ関連の発言はしないように」と言わんばかりの空気感が漂っている。考えてみれば領土承認にしても、今に続く問題なのにすでに終わったかのように語るのは間違っていると思いますが。

7月4日は独立記念日としてかつてはすごく盛り上がっていましたが、今ではさまざまな人たちの犠牲の上に成り立っている自由を称賛するパーティーには興味がない、行ったとしてもアメリカという「テーマ」をミーム化するような、ジョークじみた感覚で参加するという若者も多い。2024年の7月4日は、SNS上で「シーザーサラダ誕生の記念日らしい、それなら祝いたい」なんていうミーム的な投稿もバズっていたほど。「アメリカ万歳」という名目のもとでホットドッグを食べて花火を見るという、今までアメリカ人が愛国心を「なんとなく」祝ってきたイベントも、あまり本質的な意味が見出《みいだ》されなくなってきているのです。日本の若者が「みたままつり」には浴衣を着て屋台で食べ物を買うなどして参加するけど、靖国《やすくに》神社の歴史を知らないことと似ているかもしれません。

三牧　イスラエルの独立記念日（5月14日）の翌日は、パレスチナ人にとっては70万もの人が難民化し、多くの村落が焼かれた「ナクバ（大惨事）」の日なのですが、アメリカやEU諸国は「イスラエル、おめでとう」と躊躇《ちゅうちょ》なく祝ってきましたね。EUのウルズラ・フォン・デア・ライエン委員長もイスラエル支持の姿勢を崩していませんが、公の場に出てくるたびに若者たちから「戦争犯罪人！」とヤジを飛ばされる状況です。イスラエルとそれを支持する欧米、パレスチナの関係は、植民地の支配者と被支配者という構図を抜きにしては理解できないものです。

いかに聖書の言葉やホロコーストの悲劇を持ち出そうと、イスラエルがそこに住んでいたパレスチナ人を虐殺し、追放してできた国であることは消せない。アメリカもイスラエルも「セトラー・コロニアリズム（入植植民地主義）」、つまり「神が自分たちに与えた地」なのだと先住民を虐殺し、入植を進めて作られた国です。この建国の暴力の共通性ゆえに、同じことを繰り返しているイスラエルの残虐性がアメリカには見えない。トランプの娘婿のジャレッド・クシュナーはガザでリゾート建設を検討中だといいます。ガザの人々をどこかに追い払って、リゾートなり自分たちの思うように作り変えても構わない、そういうメンタリティは決してクシュナーだけのものではありません。

竹田　今、声を上げてアクションを起こしている若者たちは、責任感から幅広い情報にアクセスし、学校やメディアで教えられない歴史を学び直そうとしている。自らのルーツを辿っていくうちに、例えば自分の祖父母世代がアメリカからどんな抑圧を受けていたのかを知り、そこからさらに各国におけるアメリカの侵略の歴史を学ぶと、すべてがつながって見えてくる。他国の苦しみが、現在のアメリカの資本主義的繁栄に使われている、ということがわかってしまう。プロテストをしている人たちは「自分たちは、パレスチナに限らず、世界で起きているすべての苦痛や抑圧を解放するために戦っている」とよく言います。自分の利益だけを優先していればよかった世の中では、もはやないのです。
三牧　「すべての抑圧はつながっている」と言って、さまざまな不正義に声を上げてきた人でも、パレスチナ問題になると多くの人々が沈黙してしまう。それだけこの問題に、植民地主義や人種差別主義、資本主義の問題が凝縮しているということでしょう。だからこそ、この問題を糾弾する人の口を塞ごうとする力も強く働いているし、本来学生を守るべき大学も守ってくれない。
でもそういうアメリカの姿は世界に発信されています。前述したように、岸田首相（当時）は2024年4月の訪米時、議会演説で「『自由と民主主義』という名の宇宙船で、日本は米国の仲間の船員であることを誇りに思います」とうたい上げました。外交的言辞としてはいいでしょう。しかし、本当にアメリカを「自由民主主義の宇宙船」と見ているのだとすれば、それはあまりに楽観的すぎるし、アメリカで目下進行している危機や、ガザをめぐる国際社会の批判に鑑みて、欺瞞的ですらある。アメリカのリアル、世界のリアルを見つめて、新たな日米関係を描けるか。私たちは今、まさに分岐点に立っているのです。

（2024年5月収録後、加筆修正）

第5章
日米関係の未解決問題

写真提供／ユニフォトプレス

◆パレスチナへの同情でつながれる日本の若者

竹田　今、私は個人的なプロジェクトで、日本の親パレスチナ運動の主宰者たちに話を聞いているのですが、彼らの多くは若者であり、ミックスレイス（複数の人種にルーツがあること）やＬＧＢＴＱの人も多い。２０２４年２月に新宿を中心に各地で行われたラファ軍事作戦抗議デモには、２０００人以上が集まりました。前年の10月から４ヶ月も経ってこの規模の人数が集まったのです。彼らがなぜガザに共感するかといえば、自分たちが日本で抑圧を経験しているから、と語ることが多い。国や制度は違えども、抑圧されているという経験は同じ。だからこそ、パレスチナの人たちの苦しみを直感的に理解できるのだと思います。
日本が面白いのは、政府と国民の政治的アジェンダがまったく嚙《か》み合っていないことです。多くの日本国民にとっては、イスラエルもパレスチナも同じ「中東」であり、たいした違いはありません。政府がアメリカにゴマをすって親イスラエル的発言をしているのも、よくわからない。それが日本の一般市民の感覚ではないでしょうか。

それに、日本人の目には、イスラエル人もパレスチナ人も同じ「非白人」に見えるのでしょう。日本人にとっていかにも「白人」に見えるウクライナ人のことは「かわいそう、守らなきゃ」となるけれど、イスラエル人のことは「白人だから守らなきゃ」とはならない。観察した限りでは、そんな印象を受けます。

共感性の高い市民が、パレスチナで女性や子どもが亡くなっていることに対して、直接的に「かわいそう」「なんとかしなきゃ」と思うのは、そこにバイアスや政治的アジェンダがないからこそではないか。取材で話を聞いたデモ参加者たちもそう言っていました。政治や権力が絡まないから、「今すぐこの無実の人たちの命を守るために停戦せよ」と言いやすい。

日本ではむしろ同性婚や夫婦別姓のほうが政治的だし、保守派の人たちが絡んできて面倒だから発言しづらい。それに比べると、パレスチナへの同情は誰もが同意するから言いやすく、デモにも参加しやすい。そういう構造も指摘されています。今後、パレスチナに関するデモに参加した人たちの中で、抗議デモへのハードルが下がり、ほかの問題についてのデモにも参加するようになる人が増えるかもしれない、とデモの主宰者たちは話していました。
三牧　日本ではパレスチナに思いを寄せる人は多くても、スターバックスやマクドナルドへのボイコットはほとんど起きていない。ガザで虐殺が起きている今、スタバでラテを買うことがどのような政治的なメッセージ性を持つのかを考え抜くよりも、「私ひとりがボイコットしたところで変わらない」とおいしいラテを手に入れるほうに流れてしまう人も多いのかもしれません。ここは難しいところですね。イスラエル企業とのかかわりが指摘されている企業リストを改めて見ると、私たちの身の回りにある、なじみの深い企業が本当に多い。虐殺反対、パレスチナ連帯という気持ちがあっても、そのことをどう表現するか、私たちが日々の暮らしの中でできることを、どう虐殺を止めることへとつなげていくか、その具体的な戦略が見えなくて立ち往生している人も多いように思います。
竹田　日本の人は、生死が脅かされるような苦しい思いを日常的にしていないからだと思います。自分の購買行動が直接生活に跳ね返ってくる経験が少ないから、自分の行動は社会に何の影響も及ぼさないと思っている。選挙に行かないのと同じ発想なのではないでしょうか。自分がやろうがやるまいが、社会は何ひとつ変わらないと考えている。

左派、右派など政治的なスタンスを問わず、アメリカ人があらゆることに対していちいち抗議の声を上げ、消費行動に敏感になるのは、生活の切実さが桁違いだからです。自分たちが搾取されながらようやく稼いだ金を、そんなやつのために使ってやるものか、という気持ちがある。

◆なぜ日本では声が上がりにくいのか

三牧　日本でも与党自民党の裏金問題や能登の震災対応のまずさなど、市民感覚から見れば信じられない事態が次々に起きており、物価上昇が続く中、市民の暮らしも決してアメリカよりマシ、という状況ではないと思いますが、こういう政治を変えよう、という動きがなかなか強力なものにならない。政治の作為・不作為によって、不当な犠牲や搾取が起きているならば、その現実にしっかり怒り、「それは不当だ」と声を上げて、新しい政治を求めていくことは市民の当たり前の権利ですが、「これくらいの痛みは耐えなければならない」「権力者に物申してもしょうがない」と、自分で自分の受けている苦しみについて言い訳をして、正当化して、納得してしまう。しかし、これは、政治を変えるために行動しないことの言い訳をしている、とも見ることができますね。

でもそうした「やり過ごし」にもそろそろ限界が来ているのでしょう。パレスチナ連帯デモがどんどん大きくなっているのも、もちろんガザで起きていることの悲惨さゆえですが、不当なことが起こっているのに、声を上げずにいてはいけないという意識の変化の表れもあるのかもしれません。痛くても痛いと言わず、ひたすら我慢してきた日本人でさえ、もはや見過ごせないほどに社会矛盾が大きくなっています。「こんなやつらを太らせるために納税しているんじゃない」という怒りも広がってきている。

竹田　苦しみの規模の問題だと思うんですよね。アメリカの若者が過激化したきっかけは、やはり経済格差です。医療保険に入っていても救急車に乗るだけで50万円、救急治療室に入ると合計で100万円もかかる。フリーランスで働いていると高額な医療保険に入れないので、病院にもなかなか行けない。学生ローンに至っては、日本の平均の数倍の額を長い間かけて返し続けなきゃいけない。そういう状況の市民を横目に、政府はイスラエルを支援し続けている。イスラエルがガザに爆弾を落とす金のために、自分たちは納税しているんじゃない、と。

2024年2月下旬、Z世代の現役軍人の男性が、ワシントンのイスラエル大使館前で焼身自殺をしたのも、「狂った世の中をこれ以上見て見ぬ振りしたり、加担したりはできない」へ、そうした不満と絶望の表れです。あれはアメリカ国内では、日本の安倍元首相銃撃事件と似た影響力があったと思います。ああいうことが起きると、大人も一瞬は「若い人たちの声を聞かなくちゃ」となる。

パレスチナの問題に限らず、アメリカにはそうした矛盾が山ほどあります。コロナでは人がバタバタ死に、銃撃事件は頻発し、学校では先生の給料が低すぎて授業が成り立たない。それなのに議会ではTikTokのセキュリティに関する糾弾に時間が割かれている。優先順位がおかしすぎます。国民の大多数の命や生活にかかわる問題と、外国企業のTikTokの問題、どっちを優先すべきなのか。確かに日本にも格差や不正があるけれど、どうしても規模が小さいと感じてしまいがちです。

三牧　アメリカの場合、不正の規模も半端ではないし、世界への影響も大きいですから。でもそうした指摘をすると、「日本の政治社会はアメリカよりはマシだ」「日本に生きててよかった」と安心する方向に向かってしまい、私たちの政治社会の問題を分析・解決して、よりよい政治社会を目指そうという変革や改善の話にならない。アメリカ社会には鬱屈もたまっていますが、声を上げる人々の存在によってそれが可視化され、解決されるべき問題として認識されている。これに対して日本では、「日本はまだマシでよかった、生きられているしね」と、政治社会の問題から目を逸《そ》らそうとする態度がいまだに根強くあるように思います。

◆日本で「チェンジ」は起こせるか

竹田　そういえば、今アメリカにいる留学生って、日本人よりナイジェリア人のほうが多いんですよ。私の母の時代は、留学生といえば日本人だったそうですが、最近は中国人が約29万人と最も多く、日本人は約1万6000人でナイジェリア人の約1万8000人よりも少ない。[*44]
三牧　海外で戦えない状況に陥るほど、「日本は最高なんだ。物価高で治安の悪いアメリカに行く必要なんてない」という自国肯定の主張が広がり、ますます内向きになり、世界の潮流や情報から取り残されるという悪循環が起こっていますね。数あるオプションの中から日本にいることを選ぶことは当然ある。しかし実際には、日本の競争力が落ちているからそもそも外に出られない。海外で学んだり、仕事をしたりすることがそもそも現実的なオプションとして検討できなくなっている。
竹田　日本はアメリカと同じ立場にあると思いたい人がいまだに大勢いますからね。アメリカ人はもはや日本を安い旅行先としか思っていない人が多いことが徐々に認識されている気もしますが。周りのアメリカ人を見ていても、日本の文化にある程度のリスペクトや関心はありつつも、円安やＳＮＳでの話題性の影響もあって日本への旅行はディズニーランドに行くぐらいの感覚になってきていますね。
三牧　その事実を受け止める心の余裕は今の日本にはなさそうです。アメリカも治安や暮らしなど、いろいろと危機的な状況ではあるものの、そうした現状を改革しようという大きな動きと活力は存在している。日本にはそれがない。「聞く力」を政治家としての長所として挙げた岸田前首相は、低い支持率に表れた国民の不満に耳を傾けない「聞かない」政治家になってしまいました。
防衛費増額など、論争的な政策もほとんど国民的な議論がなく決まっていく。岸田政権には、「どうせ内閣支持率が低いのだから、支持率が確実に落ちる重要な政策転換を今やってしまおう」――そうした雰囲気すら漂っていました。政権への不満が高まり、それが内閣支持率の低さとなって表れても、次の国政選挙までには国民は忘れると楽観しているのです。

残念ながらこうした政権の楽観が的外れとは言えない現実があります。裏金問題など政治の腐敗がここまで明るみに出ていながら、2024年4月の岸田首相（当時）の訪米と日米首脳会談、上下両院合同会議での演説を、日本のメディアが絶賛した後、政権の支持率は若干回復しました。訪米などの外交的な成果と、裏金問題などの国内問題は本来別問題で、それぞれ問うていくべきですが、メディアも加担して、なんとなく国民が政権の不祥事を忘れていく。現政権への異議申し立ての手段としての政権交代というものが日本には定着していない。アメリカは二大政党制のもと、実質的に選択肢がふたつしかないとはいえ、とりあえず現政権への不満が高まれば、「チェンジ」は起きるわけです。

お隣の韓国でも、「チェンジ」は起きていますよね。2024年4月、尹錫悦《ユンソンニョル》大統領の保守派与党・国民の力が大敗しましたが、大きな要因は、庶民との生活感覚のズレだったといいます。物価高が続く中、庶民へのアピールを狙って市場を訪れた尹大統領が、実は長ネギの市場価格すら知らなかった。そうした庶民感覚のなさが批判の対象となり、与党が大きく議席を減らすことになりました。尹大統領といえば、岸田前首相と同様、アメリカとの関係強化、日米韓の防衛協力に励んできた人ですが、庶民にしてみればそうした外交的成果を誇る前にまず、長ネギの値段を知っていて、暮らしの問題に取り組む政治家が欲しいということですよね。それはそれ、これはこれというまなざしで政治を見ているわけです。
竹田　日本では政治の見方においても、歴史、社会に影響を与える人物をまるでキャラクターのように消費してしまう傾向が蔓延していますよね。麻生《あそう》太郎や岸田の存在や政策が自分の生活にどう影響するかを考えず、彼らをキャラとして消費しちゃうのと同じで。
三牧　「(上川《かみかわ》陽子前外相を指して) そんなに美しい方とは言わないけど」と揶揄するなど、女性やマイノリティ、高齢者を差別する発言を繰り返してきた自民党の重鎮、麻生や、元東京都知事の石原慎太郎のような人たちをアイコン化し、彼らの発言を「麻生節」「石原節」と言って許容し、ネタとして消費してきた。政治家にとって重要なのはキャラが立っていることではなく、何をやるか。ギンズバーグはキャラで消費された部分もあったけれど、マイノリティ擁護に生涯を捧《ささ》げ、圧倒的な実績があった。消費されるアイコンは、せめてこうした人であってほしいものです。

◆「大統領選への影響」を外して初めて見えること

竹田　よく専門家がテレビで「なぜ若者たちがバイデンから離れたのだろう」と分析していましたが、その問いへの答えは「若者はジェノサイドも約束が守れない人も嫌いなんだよ、以上」です。せっかく頑張って大統領になったのに、バイデンは「ジェノサイド・ジョー」というあだ名をつけられました。日本では「これが大統領選にどう影響しますか」ばかり聞かれましたが、正直、もはやそういう段階じゃないんだけど、という感じでした。
三牧　「大統領選に影響しないとしたら、どんな虐殺が起きていても、それに対する抗議が強まっていても関心を持たないんですか」と逆に問いたくなってしまいますよね。選挙の結果を左右することでなくとも、大事なことはたくさんある。相変わらずガザでは虐殺が続いているのに、日本メディアまでガザへの関心が低下しているように思えるのは、そのあたりも関係しているのかもしれません。

確かに2024年の大統領選において、Z世代を含め、有権者の主要な関心は経済政策や移民対策であって、ガザ情勢ではなかった。しかし、アメリカの有権者が、ガザには関心がないというわけでもない。YouGov と Americans for Justice in Palestine Action が2024年5月に接戦5州（アリゾナ、ミシガン、ペンシルベニア、ウィスコンシン、ミネソタ）の有権者を対象に行った世論調査[*45]で、有権者の5人に1人が、ガザ対応を理由に当時は再選を目指していたバイデンに投票する可能性が低くなったと回答しました。また、上記の州の民主党支持と無党派の有権者の40%以上が、「即時かつ永続的なガザ停戦、イスラエルへの軍事支援の条件づけ、ガザへの人道支援の完全な履行が実現された場合、バイデンに投票する率は高くなる」と回答しています。経済や移民の問題ではバイデンにさほど期待できないという有権者でも、バイデンがもっと人道に基づいたイスラエル・パレスチナ政策をしていたならば支持できた、と考えている人も少なくないでしょう。

「もしトラ」に世界で最も踊らされたのは日本ですよね。岸田首相（当時）が訪米してバイデンとの友好関係を強調しましたが、「もしトラ」対策として、少し時間を置いて麻生副総裁（当時）がトランプとニューヨークで面会した。メディアでも大々的に報道されましたが、こうした「もしトラ」報道そのものが、権力者の動向しか重視しない日本のアメリカ報道を象徴している。

竹田　どちらが大統領になるのかだけを考えるのが、一番頭を使わない楽なやり方ですけどね。でも国を代表するキャラアイコンとして大統領が捉えられた時代、大統領の発言が真剣に大きな影響力を持った時代は、オバマ政権で終わっていると思います。もはや誰が大統領になっても同じ、という空気が蔓延しているし、あまりにもバイデンやトランプが失言や謎発言、謎投稿をしすぎて、もはや真面目に受け取ることのほうが難しい。トランプの裁判だって、アメリカ人で真剣に追っている人はほとんどいない。トランプ支持者のおかしさも周知の事実、「またやってるな」「いつものことだ」という感じです。

これを「分断」と呼ぶのは違うなと。多様な世界に異なる意見があるのは当たり前です。なぜ同一性を求め、価値観や政治観に違いがあることを悪いことだと嫌悪するのか、私にはそちらのほうが不思議な気がします。差別や格差は当然なくなったほうがいいわけですが、多様な社会では価値観が大きく異なり、資本主義に基づいたアメリカのような国では現実的に考えれば、完全にそれらはなくならない。大統領選などでその「違い」が大きく浮き彫りになることで、「分断」が突然生まれたかのように見えるのかもしれないですが。

三牧　日本ではまだ多様性より同質性を求める価値観が支配的です。「日米は価値を共有する重要な国」と外交上はうたってきましたが、エマニュエル駐日アメリカ大使が日本のジェンダー問題に批判的に言及したり、フェミニズムを賛美したり、同性婚の導入を促したりすると、バッシングが巻き起こり、「内政干渉だ」との声まで出る。結局、アメリカを都合のいいときだけ称《たた》えて、消費しているだけだといえます。

たとえばメディアをみてみましょう。各国の主要メディアの編集幹部や番組制作トップにおける男女の割合を調査したロイタージャーナリズム研究所（イギリス）によれば、2021年、日本における女性の編集トップは0％。23年には17％に上昇しましたが、24年は再び0％。*46 近年は常に4割を越え、男女同数を記録したこともあるアメリカとは対照的な状況です。ジェンダー平等でもこの有様ですから、人種などその他の多様性についてはさらに考慮の外にあるのが現状でしょう。

繰り返しますが、アメリカも多様性や平等にいまだ大きな問題を抱えている。しかし、社会が多様である以上、多様性は尊重され、意思決定や創作の現場で実現されていかなくてはならない価値であるという認識がそれなりに定着している。だから、多様性が欠けている現場にあっては、必ず誰かが「おかしい」と声を上げる。

日本には、まだまだ多様性を推進していかなければならない社会状況があることは明白なのに、多様性を推進しようとする動きに対しては必ず、「多様性が実現されても、それがいい結果につながるとは限らない」「マイノリティを多く登用することが全体としてよい結果になるとは限らない」という意見が出て、反対する動きが生まれる。実際には、多様性が実現された現場のほうがより生産性が高いことや、創造的なものが生まれることを裏づける調査結果は山のようにあり、こうした意見にデータで反論することも可能なのですが、大事なことは、社会が多様な人間から構成されている以上、多様性は、それ自体において擁護され、促進されるべき価値であるという認識。もっと日本にも根づかせていく必要があります。

◆ポップカルチャー政治はオワコンです

竹田　日本メディアはいまだに２０２０年的ポップカルチャー政治にしがみついていますよね。雑誌では政治に声を上げるセレブ特集が組まれ、テイラー・スウィフトが民主党支持を表すクッキーを焼いたことがすごく持ち上げられた。「Fuck Trump（くたばれ、トランプ）」のピンバッジをつけている人がクールだとか。でも今のアメリカはそんな生半可なことやってる場合じゃないだろう、と。
人権運動家のマララ・ユスフザイやアレクサンドリア・オカシオ＝コルテス（ＡＯＣ）も問題になっています。ＡＯＣは学生運動への姿勢はまともですが、彼女は、イスラエルの防空システム「アイアン・ドーム」への資金提供法案をめぐって議会の場で泣きながら抗議しつつ「賛成」票を投じたのです。その一貫性のなさには批判が集まっています。マララ・ユスフザイはヒラリー・クリントンのイベントに登壇したり、ヒラリーと共同でミュージカルをプロデュースしたりして批判され、話題になりました。マララはその後、「私はパレスチナ支持です」とわざわざ声明文を出す羽目に。[*47]
三牧　ヒラリー・クリントンの本性は、ガザ危機を通じて明らかになってきましたね。抗議デモに参加する学生を、「テロリスト擁護者」としてしか見ていない。イスラエルの

「テロとの戦い」がどれだけパレスチナ人の犠牲を生み出してきたかもまったく語っていません。

2021年、BLM運動が盛り上がっていたとき、世界中のセレブが集結してファッションを競う祭典であるメット・ガラで、AOCが「TAX THE RICH（金持ちに課税しろ）」という文字の入った服を着て登場し、女性たちからの羨望を集めていた。そのときすでにダニエルさんは問題提起を始めていましたよね。「そういうファッションとしての抗議はもうたくさん。会場の外では活動家たちが人種平等と警察改革を求めるデモを展開している。Z世代は、メット・ガラという資本主義のイベントに完全に乗っかって資本主義を批判することの矛盾に気づかず、してやったという気になっているAOCも含めてセレブらを冷めた目で見ている」と。こうしたダニエルさんの主張が、共感とともに批判も集めていた。「ファッションとしての抗議だって、やらないよりはいいじゃないか」と。

竹田　あのとき私、炎上しましたよ。「日本人にとっては、こういう女性がいること自体がかっこいいし希望なんだから、バカにしないでください。私たちの気持ちを踏みにじらないでください」って。政治家と権力者に対してはもっと抗議してもっと求めるべきだと思うし、主義主張の矛盾やパフォーマンス的なムーブには批判的であってよいと思うのですが。
三牧　「私の気持ちを踏みにじった」という話になってしまうのは、実に残念ですね。もちろん自分の気持ちも大事ですが、社会運動へのかかわりは、「自分以外の人のこと」について考えることから始まるのではないでしょうか。「私の尊厳が傷つくから、私のやり方について批判的なことは言わないでください」と言われてしまうと、話が嚙み合わず、社会問題の解決やよりよい社会の実現に向けて共に進むことは難しくなってしまいますよね。
竹田　2020年のアメリカもそんな感じでした。その後議論が成熟した結果、当時の動きは所詮パフォーマティブ・アクティビズムだった、それでは意味がないという気づきを得たアクティビストたちが常に学び、方向転換していることで、社会運動は徐々に前進していると言われています。
三牧　BLM運動以降のアメリカでの抗議活動は、公民権運動におけるキング牧師のようなカリスマがいるわけではなく、「リーダーレス」であることをますます打ち出すようになっています。それはつまり、「リーダーフル」でもあり、みんなが主体性を持って運動していくということでもある。日本でも、そうした視点を育てていく必要がある。

◆キャンセル・カルチャーと批判は違う

竹田　真っ当な批判とキャンセル・カルチャーを混同している人が多いんですよね。
三牧　マララさんのように、虐げられてきた女性の解放という社会的大義を公に訴えてきた人が、この局面でパレスチナ人の虐殺をほとんど肯定しているクリントンとコラボするというのは、やはり問題ですよね。「女性の権利」を訴えているのに、イスラエル、それを軍事的に支えるアメリカに抑圧され、殺されているパレスチナ人女性のことはまったく視野に入っていない。
竹田　政治家などの公人、マララさんのように自ら代弁者として行動している影響力のある人に対して批判的なまなざしを向け、多くを求めるというのは、民主主義国家の国民としての基本姿勢ですよね。それなのに、第二次世界大戦中の大本営発表を鵜呑みにするみたいな感覚がいまだにあるのか、権力者への冷静な目線が欠けているというか。

三牧　人間、正解に行き着くまでには、時間がかかることは多々あります。今回のガザ危機に際してのサンダースはその端的な例です。彼は当初、イスラエルの自衛権を主張してその軍事行使を正当化するような主張を展開し、支持者からも批判を受けました。そうした批判、そしてパレスチナ人の犠牲が甚大になるにつれ、自らの過ちに気づいたのでしょう、ほどなく「自衛」では到底正当化できないガザでの軍事行動に率直に反対するようになった。権力者への批判を「キャンセル・カルチャー」として一律に封じようとするのは不当です。心ある政治家は市民の批判に応えて、ちゃんと行動を修正するのです。
竹田　「キャンセル・カルチャー」という言葉が、日本で変に根づいてしまっていますね。「ポリコレ」「多様性」と同じような響きで、「時代にちょっとついていけないだけで失脚させられる」とか。アメリカでは、映画監督のウディ・アレンのようにキャンセルされた人でもまだちゃっかり力を持ち続けているし、性的暴行で告発されたアーミー・ハマーなどの俳優も徐々にハリウッドに復帰しつつある。キャンセル・カルチャーなどというものは存在しなかった、結局は構造の問題なのだ、というところまで議論が成熟しているのですが、日本ではそのような権力構造に対する議論はあまり見かけません。

三牧　政治の動きを真面目に追っていれば、「かつては支持していたけど、もうこの人は支持できない」ということはいくらでもある。むしろ、腐敗しきっている自民党についてはもっと評価の修正、つまり「手のひら返し」が行われるべきではないでしょうか。

（２０２４年5月収録後、加筆修正）

第6章 これからの「アメリカ観」

テイラー・スウィフト(右)と
カマラ・ハリス。

写真提供/ユニフォトプレス

◆カマラ・ハリスを支持するだけでいいのか

三牧　2024年6月下旬、トランプとの討論会でバイデンが破滅的なパフォーマンスを見せて以降、以前からささやかれてきたバイデンの高齢問題が噴出し、バイデンは7月21日、大統領選からの撤退を表明することになりました。打倒トランプのもと、民主党は副大統領のカマラ・ハリスを新たな大統領候補とすることで一致団結。

8月初頭、ハリスは正式に民主党候補に指名され、同月の民主党全国大会で大統領候補指名受諾演説を行いました。ハリスが候補者となってから、停滞が否めなかった民主党の雰囲気は一変した感があります。アメリカ初の黒人女性・アジア系の大統領が、あのトランプを破って誕生するかもしれない――こうした熱狂が民主党を団結させてきた。

9月10日には、トランプとハリスの大統領候補者討論会が行われましたが、ハリスは終始落ち着いて発言し、トランプを挑発して差別的な発言や問題発言を引き出し、視聴者調査では6割超がハリスに軍配をあげました。日本のメディアもハリスの勢い、とりわけZ世代に広がるハリスへの熱狂を連日報道してきましたが、ハリスの勢いはどこまで本物なのか。大統領候補となってから露呈してきたハリスの変節ぶりを見ても、いろいろ疑問が湧いてきます。

ここでは、政治家としてのハリスがアメリカでどのように評価されているのか、Z世代はハリスをどう見ているのか、日本のメディアでは、どのようなハリス像が見えなくされてきたのかを話していきたいと思います。

11月の大統領選挙に向けたカマラ・ハリスとドナルド・トランプとのテレビ討論会が9月に行われ、ハリスのパフォーマンスがトランプを制したと評価されましたが、政策についてはハリスの保守化がいよいよ顕著になりました。不法移民問題についても、ハリスは国境管理を厳格にして不法移民は入れないと強調、さらには厳格な国境管理のための立法を邪魔してきたのはトランプだと攻撃しました。トランプと見間違えるような主張でした。

ただ、この討論でトランプがハリスに「私と同じ政策じゃないか」と反論していれば違った展開になったかもしれませんが、トランプは、オハイオ州では移民が住民のペットを食べているといった事実に基づかない話を出してきました。不法移民の脅威をあおろうとしたのでしょうが、移民への憎悪や差別を煽動《せんどう》するような発言をためらわない姿は、むしろ多くの人々の目にマイナスに映ったことでしょう。

さらに私が気になったのは、気候変動問題。ハリスの地盤のカリフォルニアでも大きな山火事が起きているというタイミングだったにもかかわらず、フラッキングという環境負荷のかかるエネルギーの採掘方法への支持を大々的に打ち出して、ある意味トランプ以上にエネルギー採掘に前向きなんだと主張すらしていたことです。気候変動問題では、完全に保守寄り。気候変動って、若い世代のみならず、将来のことを真剣に考えている人には本当に喫緊の課題なのに、選挙に勝つために簡単にその政策を下ろしてしまう。気候変動に関しては、どんどんふたつの政党が似てきている。

そして人権問題。女性の人権、とりわけ中絶の権利に討論が及んで、私こそが中絶の権利、人権を守ると打ち出しているわりには、現在進行形のガザの問題に関しては、too many innocent Palestinians have been killed（罪のないパレスチナ人が多く死にすぎている）とお決まりの表現を繰り返しました。8月の大統領候補指名受諾演説でもほとんど同じ表現でガザの人道危機への懸念が表明されましたが、今に至るまでイスラエルへの武器弾薬輸送をバイデン・ハリス政権で続けている。武器禁輸はしない、今後もイスラエルには揺るぎない支援を提供するという立場。賛同を得やすい中絶の権利に関しては積極的に語って、自分はフェミニストであり、対してトランプは女性の権利の敵だと位置づける。けれども、自分の選挙戦略上も得策ではなく、トランプとも大きな差がないパレスチナ人の人権問題に関しては、数百万の人権がかかっていても多くを語らない。選挙戦略とはいえ移民や気候変動についていよいよ保守化していることや、人権問題の恣意的な選択といったところに、私のハリスへの違和感があります。

竹田　環境問題のことは本当にそうで、討論会全体を見ると、今のトランプは支持できないかもという共和党支持者の票をハリスは狙っていて、陣営はそれが今の彼女にとっては戦略的に一番有利な路線だと考えたんでしょうね。

だから、チェイニーからの支持が来ているとか、共和党員からの支持がたくさん来ているという主張は、ハリスを左派に動かしたい人たちにとっては、残念な行動だったと思います。フラッキングの主張や、イスラエルが自衛する権利を認めるということ、移民に対してもトランプが言っていることをそんなに否定しないし、ヒラリーと比べてもすごく保守的なことを言う。ハイチ移民が不法移民ではないのにもかかわらず、それを否定しなかったり。結局どっちもすごく保守的なことを言っているんですよね。
特に、ハリスの政策のウェブページにも、具体的な政策についてほとんど書かれていないというのがすごく批判されていて、バイデンのウェブページをそのまま取っているとか。
三牧　バイデンのウェブページのコピー&ペーストではないかともいわれていますね。
竹田　ほとんど変わってないです。ハリスの政策が具体的に見えてこないというのも問題。ハリスに批判的な人は、ハリスは検察官時代にたくさんの黒人を収監してきたとか、そういうネガティブなイメージをもっています。それに加えて、例えば学生ローンに対してどうするとか、医療保障をどうするかといった生活に根づいた政策すら全然見えてこないというのは、幅広い層にとって疑問要素になると思うんですよね。

◆「アーティストによる政治的発言」への反応

三牧　討論会直後に、テイラー・スウィフトがインスタグラムでハリス支持を表明しました。それについてダニエルさんがXで連続投稿された視点は、本当に重要だと思いました。
長くなりますが、引用します。

なぜこのタイミングでテイラースウィフトはカマラハリス支持を表明したのか？「声を上げてすごい」という意見が見受けられるが残念ながら、皆さんが思っているほど「ポジティブ」な理由ではないかもしれません。なぜ「今」なのか、背景を知る必要がある。

考えられることとしては、大まかに
●元々この支持表明投稿をする予定だった
●ブリトニー・マホームズ事件があったことと、討論会の様子を見てから表明ポストを早めた
●マホームズ事件へのリスク対応として表明ポストをした
以上の三つのシナリオが考えられる。

（中略）

マホームズ事件とは、日曜にUS OPENでテイラーがブリトニー・マホームズに抱きついている画像が大きな話題になった事件。ブリトニーの夫はテイラーの彼氏と同じアメフトチームで、以前からテイラーとの友情が話題だった。そしてこの写真によって、テイラーの政治性／スタンスが大きく問われた。

ブリトニーはトランプのヘイトまみれのインスタ投稿にブリトニーがいいねをしたり、批判されてもスタンスを擁護するようなストーリーで返したりした上に、トランプ自身に「力強く擁護してくれて感謝」を表明されているほど、トランプ支持派にロックオンされていた存在。

そしてテイラーは今日の支持表明まで、選挙についてもハリスについてもジェノサイドについても発言してこなかった。テロ予告などがすでに出ており、ツアーもまだ続いているため、触発しないように沈黙しているという意見もある。しかしテイラーが共和党支持なのではないかという噂まで出回った。
●テイラーが誰と友達だろうが本人の自由
●友人が差別やヘイトを支持するなら、その人と友達でいることは「価値観の違いを乗り越える」ような次元ではない
●資本主義的に都合の良い時だけ人権や政治や正義の話をするなんてあり得ない
など、さまざまな意見が飛び交ったが、落胆が大多数の反応だった
特にテイラーは2020年のドキュメンタリー映画「ミスアメリカーナ」で反トランプであることを強く表明したい、「歴史の正しい側に立ちたい」と発言したことで大きな話題とアーティストのスタンスとしての支持を集めたこともあり、その根幹を捨てるような行動は大きく批判された
（中略）

テイラーは一般人でもなければ4年前のテイラーでもなく、今アメリカ、ないしは世界で最も影響力を持つセレブ。だからこそ何を支援するのか、どのような人と交流するのか、非常に慎重にならなければならないという批判も多い。それほどトランプ支持者の人権侵害的思想がアメリカを「分断」している。

大きな注目点は、テイラーの先ほどのハリス支持コメントで触れているように、トランプはテイラーがまるでトランプを支持するかのような生成AI画像を使って、自身の支持者に向けて堂々と発信したこと。自身のイメージを超絶重要にするテイラーがこのことに今まで触れなかったことも批判の対象になった。

2020年には、トランプに対して「白人至上主義者を煽っている」と言ったり人種差別についても言及していたし、要は「批判しやすい時」や「そうすることがポピュラーな時」にだけ「声を上げている」のではないかと思われてしまう／批判されてしまう背景を知る必要があるだろう。
ＬＧＢＴＱの話題を扱うメディアＴＨＥＭも、テイラーのクィアなファンたちが「裏切られた」と感じていることについて記事を書いている。特にトランスジェンダーの人たちにとっては、トランプ支持者を抱きしめることはトランプによる反トランス差別思想を抱きしめることにほぼ等しい。
日本ではこれが「アーティストによる政治的発言」として括られてしまうが、アメリカでは政治的スタンスと人間としての価値観は一本で結ばれる。テイラーに関しては政治的発言以前に「公的な個人の正式な価値観の表明」という方が妥当だ。中絶の権利やＬＧＢＴＱの権利について言及しているのもそれが理由だ
いわばこの支持表明も、「ＰＲ戦略」の一環であり、ハリス陣営と手を組んで綿密にワーディングも取捨選択された巧みな文章とタイミングだ。「一個人が勇気を出して

声を上げている政治的発信」と表層的に捉えることは本質的に間違っているだろう。
テイラーが文章であげたキーポイントはLGBTQ、IVF、中絶の権利。これらはまさに「本人に直接関係のある事項」だけであり、「直接関係ない」と言われかねない話題は徹底的に避けている。「自分に関係あることにしか関心がないのか」と以前より受けている批判につながってくる話だ。

（中略）

要はトランプがマホームズを名指しで讃《たた》えた段階でテイラーにロックオンしており、あわよくばテイラーのファン層を取り入れたいと考えたのだろう。テイラーチームにとって最も大切なのは彼女の「イメージ」であり、それを最大限崩さないで進むにはどうしたら良いのか考えた結果がこの支持表明なのだろうテイラーのファンの間では、「だからファンは信じて黙ってれば良いのに」派と「自分はアメリカで抑圧されている当事者だから黙っていられない」派に大きく分かれている。彼女を批判した人たちを嘲笑する態度は、「自分は差別と無関係」と思っている証拠だ、という話題も頻繁に上がっている。

テイラーの支持表明投稿に数分で数百万のいいねがついたが、「だからこそパレスチナに関して声を上げてほしい」というファンの意見も上がる。セレブの意見を聞かないと判断ができないのではなく、セレブの意見によって世論が実際に大きく動くほど大きな影響力を持っていることは否めない。

ファンが「推し」とどう関わるべきかという議論も起きている。完璧で絶対に間違わない聖人として扱うのはナイーブであり、なぜテイラーに対してそもそも批判が湧くのか、特に「良いことのために影響力を使いたい」と言ったことで利益を得ていたならその責任もあるだろう、と理解する重要性が上がる

（@daniel_takedaa　2024/09/11）


竹田　この投稿には、アメリカ面倒くさいってコメントがすごく多かった。友達とも仲よくできないのかとか、別に政治観が違ったって仲よくできるじゃんとか、そこまで求めるのかとか……。私は全部的外れだと思っています。トランプを支持するということはすごく強い政治思想の表れであり、すごく差別的な思想に基づいた価値観を表明しているということなんですよね。

「面倒くさい」という反応をする人たちは、日本にいて、自分が政治によって差別のターゲットにされるという経験がない、当事者としての経験がないから、そういう感想になるんだろうなと。アメリカでは、白人は白人で自分たちが差別されているって主張もあるんだろうけど、いろんな属性のマイノリティがいてアメリカを構成しているわけで、その人たちの多くが、自分の命と生活が、政治と密接に結びついているという実感を持っているんですよね。

それは、学生ローンの負担があまりに大きすぎて生活が苦しいということかもしれないし、トランスジェンダーで必要な医療が受けられなくなるとか、女性が望まぬ妊娠で中絶ができなくなるということかもしれない。いろんな日常に根づいた問題がかかわる、すごく当事者性の高いものなのに、日本人は、共和党支持、民主党支持って、単なるアイデンティティとかファッションみたいに思っているんだろうなって。

もはや、そういう段階ではない。どっちがマシかって選び方をする人がすごく多くて、長期的に見たらハリスのほうがマシなのかもしれないけど、ハリスに票を入れたことで、ハリスのすべてを支持するということになってしまうのは違う。

テイラー・スウィフトは、アメリカの経済を動かすほどの人気があって、ただのアーティストじゃない。それほどアイコニックな存在で影響力のある人が、トランプによってそのイメージを利用されそうになった——それでいいのかというところが問われているんですよね。そこで自分はトランプにいいように利用されないと表明する必要が生まれたから、あのインスタの投稿があったんじゃないかなと思うんですけどね。

三牧　ハリスについて、日本では「非常にリベラル」というイメージが強くありますし、アメリカでもそういう評価はあります。確かにそのイメージは間違っていません。議員たちがどのような法案に賛成したかを追跡しているGovTrackによって、最もリベラルな議員の一人と評価されたこともある。[*48]しかし、短い議員時代を経て副大統領、そして大統領候補となる過程で、当初掲げていた気候変動や移民に対する寛容な政策をどんどん放棄し、中道、さらには保守によっていきました。やはり衝撃的だったのは、共和党のブッシュJr.政権で副大統領を務めたディック・チェイニーによる支持表明を、ハリス陣営が全面的に歓迎したことです。

9月10日に行われたトランプとの討論会でもハリスは、「ディック・チェイニー含め、200名もの共和党の重鎮が私への支持を表明している」と強調しました。いかに政治信条が異なっても、トランプがアメリカの民主主義にもたらす脅威については、超党派で一致があるというアピールでしょう。

確かにトランプがアメリカ民主主義にもたらしうる脅威は、強調してもしきれません。トランプは、このたびの大統領選で敗北した場合、その結果を受け入れない可能性を示唆してきています。2020年、トランプは大統領選での敗北を受け入れず、支持者が連邦議会議事堂を襲撃しましたが、今回も結果次第ではその再来になりかねない。しかし、チェイニーがアメリカ、そして世界にもたらした災厄は、「今や彼は、アメリカ民主主義の擁護者となった」と帳消しにできるものではありません。

2001年9月11日、イスラム原理主義組織アルカイダによるテロ攻撃を受けた後、アメリカでは、テロを防ぐという大義のもと、捜査令状なしの住民への盗聴や尋問、ネット通信の監視が加速しましたが、この超法規的措置を推進したのがチェイニーでした。国外では、テロ実行犯の引き渡しに応じなかったとしてまずはアフガニスタンが、その後、アルカイダとの関係が疑われたイラクのフセイン政権が標的とされましたが、実際には関係がなかった両者を恣意的に結びつけ、「フセインが大量破壊兵器を保有していることに疑いはない」と早々に断言し、イラク戦争開戦への道を決定づけたのもチェイニーでした。

トランプという喫緊の脅威を前に、チェイニーも相対的な「悪」に過ぎず、戦略的に手を結びうるというのがハリス陣営の判断なのかもしれません。しかし、トランプからアメリカを守るためならば、過去にどんなに民主主義やリベラリズムを踏みにじり、多くの犠牲者を出した勢力でも手を結ぶ。現実主義の名のもとにそうした方向へと進む中で、民主党自体が、どんどん非リベラルな勢力へ変質していっているのではないでしょうか。

◆ふたつめの〝I'm speaking〟が意味するもの

三牧　ガザをめぐる民主党内の緊張を露呈する出来事が、8月7日、民主党の大統領候補に正式指名された直後にハリスが大統領選の帰趨を左右する激戦州の1つ、ミシガン州デトロイトで選挙集会を開いた際に起こりました。聴衆の一部から「ジェノサイドには投票しない」という抗議の声が上がり、ハリスの演説が何度か遮られたのです。パレスチナ人にどれだけの犠牲が生まれてもイスラエルに武器弾薬を送り続けることへの批判でした。最初こそ抗議に応じていたハリスも、最後には「トランプを勝たせたいのなら、（抗議を）続けなさい。そうでなければ、私が話している最中です（I'm speaking）」と抗議者を制しました。
「私が話している最中です」という言葉は、ハリスを一躍人気者にした言葉です。2020年10月、ハリスはバイデンの副大統領候補として共和党の副大統領候補マイク・ペンスとの討論会に臨みましたが、討論会中、ペンスは何度もハリスの話に割って入ろうとした。「女性はものを知らない」と決めつけ、男性が一方的に説明を始める「マンスプレイニング」の典型例でした。話を何度も遮るペンスに対し、「私が話している最中です」と毅然《きぜん》と抗議したハリスの姿勢は、職場や家庭で同じような経験をしてきた多くの女性の共感を呼んだのです。

しかし、今やこの言葉の意味は変わってしまいました。現職副大統領、大統領候補として最高権力者すら視野に入れるハリスが、虐殺をとめようと人々が必死で上げる声を圧殺する言葉となってしまったのです。

竹田　2020年のときと比べて、政治的な会話がしづらいなという実感はあります。イスラエルについて発言をすると、すぐアンチ・セミティズム（反ユダヤ主義）と言われたり。ユダヤ人に限らず攻撃的になる人がいるから、タブーなトピックなんですよね、ガザ問題って。

もちろん強い気持ちで反トランプだからハリスに入れたという人はたくさんいると思うし、テイラー・スウィフトのファンなんかはそういうタイプの民主党支持者が多いと思うんですよね。でも、全体の空気感は正直つかみづらい。「もう終わってんね」みたいな希望のなさ。結局どっちになっても今の状況がよくなることはなさそうという手応えのなさ。

三牧　その空気感は日本に伝わっていない。日本の報道では、アメリカの人たちのハリスに対するなんともいえない感情のような部分を捨象して、黒人女性・アジア系初の大統領誕生の可能性にZ世代は熱狂し、SNSではハリスフィーバー、といった切りとり方が大半だったと思います。
竹田　日本メディアやジャーナリズムの話で言うと、「わかりやすさ」の弊害というのはありますよね。日本では見る側がすっきりする情報じゃないと嫌がられる傾向が強まっていると感じます。アメリカの政治はどんどん複雑になってきているし、いろんな当事者がいる。そういう相互作用があることをすべて理解しなきゃいけないわけじゃないけれども、平面的に捉えていると何も理解できない。
だから、アメリカはいいところもあるし、悪いところもあるというリアルな視点がすごく抜け落ちていると思う。日本に対する意見も、日本から早く脱出したいみたいなことばっかり言っている人もいれば、日本が一番で日本は最高と言っている人たちもいる。その人たちの日本に対する意見が鏡映しのようにアメリカに対して投影されているんですよね。日本に不満を抱いている人たちはアメリカに夢を描く一方で、日本すごいと言いたい人たちはアメリカは面倒くさいという先入観で見ている。

◆アメリカの常識が世界の非常識に

三牧　そもそも、パレスチナの人道危機を止めろというのは「左派」なのか、という疑問もあります。国連でもオブザーバー国家であるパレスチナの席がほかの正式なメンバー国と同じ席に格上げされ、圧倒的多数の国々が即時停戦に賛成を示しています。もちろんこの局面でのイスラエルへの軍事支援なんてとんでもないという認識もますます共有され、G7諸国でも徐々にではありますがイスラエルへの武器禁輸の動きも生まれている。イスラエルに送られる武器弾薬の7割がアメリカからきていますが[*49]、そのアメリカはまったく無条件で輸出を続けているのです。
竹田　そう。シンプルに「ストップ・ジェノサイド」だと思うんですけど。
三牧　それが「親パレスチナ」と呼ばれること自体、非常に政治的な意図を感じるところです。イスラエルへの武器禁輸を求める声はアメリカでも小さくない。とりわけ民主党支持者では8割近いという調査結果もある[*50]。そうした声を民主党が封殺しているというのは本当に残念な現実です。世界の圧倒的多数と共鳴している停戦とイスラエルへの武器禁輸を求める声がここまで弾圧されるということに、アメリカという国の最大の歪みが表れています。

アメリカは20年間で日本円にして８８０兆円も対テロ戦争に使ってきた。そのお金を少しでも災害対策やコロナ感染症対策に回していたら、どれだけ多くのアメリカ人の命が救えたのか。これは２０２０年くらいにはよく言われていた話で、サンダースら進歩派議員も防衛費を10％減らして感染症対策に費やすべきだと言っていたのに、そういう主張が今や完全に周縁化されて、イスラエル支援に突っ走っている。

アメリカの常識が世界の非常識になっている、世界の常識がアメリカの非常識になっているという状況で、ハリスが大統領になっても劇的な変化は期待できないと言わざるをえない。

ただ、これからのアメリカを担っていくZ世代は、国際社会の中でのアメリカをどう見ていて、どうなると予想しているんでしょうか。

竹田　多分そこまで考えてないと思うんですよね。パレスチナ、ガザが大変なのはわかるけど、ほかの国の前に自分の国が大変でしょうという人もいる。飛行機が墜落しそうなら、ほかの人を助ける前に自分に酸素マスクを着けなきゃいけないのに、うちのお父さんお母さんは自分よりも隣の子のほうが大事なんだ、みたいな。自分たちの学生ローンとか医療費保障とか、そういうのに高いお金を払っているのに、何も恩恵がない。何を言っても変わらないという絶望感がある。虚無感とも言える。その虚無感が中道寄りの左派の人たちを覆ってしまうと、右派が熱量を持つようになる。

例えば、カリフォルニアの北部、マウント・シャスタのふもとにシャスタ・カウンティ（郡）という自然豊かな地域があります。そこに住むみんながみんな右派的なわけではないけれど、極右のトランプ支持者、陰謀論支持者たちが郡議会の決定権を握ってしまい、注視しているメディアも多い。そういう形で成功例ができてしまうと、ほかのカウンティとかでもそれが踏襲される可能性がある。大多数の人たちはそういう陰謀論者ではなくても、極右は権力に上りつめようとするすごい熱意を持っているんですよね。

トランプは自分が大統領になったら二度と選挙なんてしなくてよくなるなどと言っていた。選挙結果の事実を認めないという歴史修正主義のような主張、民主主義の否定がまかり通っているんです。事実を事実として受け止めない人たちがトランプを支えている。だから、票を数える機械を民主党支持者が操作しているといった陰謀論を持ち出す。そういう動きが2021年1月の連邦議会議事堂襲撃につながり、その前例があるから危惧しているんです。

三牧 アメリカ国内の民主主義を守るという観点から言うと、ハリスの勝利が望ましいと言えますが、政策面から見るとハリスにはさまざまな難があります。

現職の副大統領としての宿命ではありますが、不法移民対策にしてもインフレ対策にしても、ハリスは、バイデン政権の政策のどこをどう修正し、どこを引き継いでいくのかという問いが常に投げかけられてきました。しかし、ハリスの受け答えは、「私の経済政策はゴールドマンサックスやムーディーズなどの賛同を得ている」と権威に訴えかけるものが多かった。確かにハリスの経済政策は、ノーベル経済学賞の受賞者など、著名経済学者の支持も得ていますが、庶民が聞きたいのは、権威や専門家が支持しているかどうかより、自分たちの生活が具体的にどのように変わるのか、ということ。バイデン政権下で暮らしが苦しくなったと感じている人への訴えかけは、うまくいってなかったと思います。

その上で、いくらハリスに政策面の不安があっても、アメリカで今後も民主主義を継続させていくために、とにかくハリスを勝たせなければならないというハリス陣営や支持者の切実な気持ちも理解できます。民主党支持のメディアの一部からは、ハリスが勝つために政策は語る必要などない、「トランプを選挙で打倒し、民主主義を守る」ことがハリスの使命であり、それこそが選挙の重大争点なのだから、という声もあがっていたくらいです。

ただ、ハリスは、トランプを選挙で打倒し、アメリカ国内の民主主義や人々の人権を守ることはできるかもしれませんが、その対外政策には多くの不安要素があると私はみています。アメリカが国外に与える影響は大きいからこそ、「ハリスの使命はトランプ打倒にあって、政策は二の次」というアメリカ国内の一部の論調には強い違和感をおぼえています。ディック・チェイニーからの支持を何ら違和感なく受け止めたことが示すように、ハリスの世界観には、非常にタカ派的な要素がある。

2024年8月下旬に開催された民主党の全国大会でハリスが大統領候補指名受諾演説を行った際、女性であることは強調されませんでした。むしろハリスは、軟弱、決定力がない、感情的といった女性に対するステレオタイプを払拭しようとするかのように、「最高司令官として、私はアメリカが常に、世界最強かつ最も致命的な戦闘力を持つことを確実にする」とうたいあげました。9月10日に行われたトランプとの最初で最後となった討論会でもハリスは、プーチンや金正恩《キムジョンウン》らの名前をあげながら「独裁者に甘い」トランプと、「独裁者に決然と対峙《たいじ》する」自分とを対照させました。

大統領選の勝利に向けて票を1票でも多く積み上げるには、無党派の票や、まだ決めかねている人に訴えていく必要がある。ハリスも、女性大統領の誕生を手放しで歓迎してくれる人だけでなく、女性大統領に不安や懸念を抱く人――たとえそうした不安や懸念がいかに根拠のない、不当なものだとしても――を説得していかなければなりません。初の女性大統領を目指して、女性の最高権力者へのネガティブなイメージを払拭するために、ハリスは男性に負けないタフさを打ち出していく必要があると考えていたのでしょう。

確かにアメリカの「世界最強かつ最も致命的な戦闘力」は世界秩序の維持に貢献してきたかもしれない。しかし、ブラウン大学の「戦争のコスト」プロジェクトによれば、2001年の同時多発テロ事件以降、20年超にわたって展開された「テロとの戦い」は、全世界で40万超の市民の巻き添え犠牲を生み出しました。[*51]アメリカが今も武器弾薬を送り続けているイスラエルは、パレスチナ自治区ガザでパレスチナ人の犠牲を生み出し続けています。独裁的なリーダーへの譲歩や妥協は、それ自体はよいものではありませんが、プーチンを「独裁者」と糾弾し、同盟国と結束し、強力なウクライナ支援を実施することで戦争を終結に導こうとしてきたバイデン政権の路線が行き詰まっていることも確かです。独裁者とは対峙し続けるというのであれば、どのように戦争を終結させるのか。独裁者からどのように譲歩を勝ち取るのか。異なる平和の展望を示さなければなりません。

残念ながら、歴代の男性大統領と同じように、ハリスはアメリカの軍事戦略にまつわる負の側面を見ないようにしているようです。果たして、アメリカ初の女性大統領誕生という偉業は、「男性に負けないタフさ」を全面的に打ち出すことによってしか開かれないのでしょうか。もちろんアメリカの大統領である以上、強さが求められることは必至でしょうが、今までとは違った強さを示すことができないのでしょうか。初の女性大統領を目指すハリスには、多くの戦争を通じて世界に破滅的なダメージを与えてきた歴代の男性大統領と同じ道ではなく、そうした負の男性性を克服し、世界の人々の命と人権を大切にする新しい大統領像を期待していますが、そうした大統領像は、残念ながら選挙戦を通じて打ち出されることはなかったと思います。

（2024年9月収録後、加筆修正）

おわりに

竹田ダニエル

本書を作り上げるにあたって、たくさんの紆余《うよ》曲折に直面した。

もともとはバイデン対トランプという「ふたりの白人のお年寄り男性」の戦いであった時点に制作を始め、当初のキーワードは「停滞」と「不満」だった。本を作り始めた時にはキャンプの抗議運動の真《ま》っ只中《ただなか》で、結果的にその運動から見えてくる若者世代の政治への不満、そしてアメリカの戦争の歴史や世界への影響を紐解《ひもと》いて行った。毎日変わる情勢のなかで、どのように新書向けに「アメリカ政治」へアプローチしていったら良いのか。当然「すべて」を網羅することはできず、今この瞬間だけでなく、より長いスパンで見たときに参考になるような「本質的なアメリカの矛盾」に目を向けるようになった。

何度も試行錯誤を重ね、誰が大統領になろうとも、背景にあるアメリカの問題やアメリカに対する日本の誤解は変わらないため、そこにフォーカスすることが最も意味があることだと判断した。とにかく、アメリカの複雑な状況と、「分断」と簡単には呼べないさまざまな問題を描きたいという気持ちが、私と三牧さん、そして担当編集者の間で強く存在したのだ。「世界のリーダー」として君臨し続けるアメリカでの不安定かつ予測不可能な生活のリアルを私の視点で届けるとともに、細かな政治の動きを三牧さんに提供してもらう形で、本書の制作は進んだ。

完成までに約1年間がかかったが、その間、朝起きるたびに新たな「前代未聞」のニュースが報道され、本の方向性も日々変化していった。バイデンが大統領選から撤退しハリスが後任候補になったり、トランプが演説中に銃撃されたり、ハリスが政策をどんどん右傾化させて行ったり、トランプが何度も衝撃的な発言をしたり、情報を入れ込みたくても追いつかないことばかりだった。

そしてハマスのイスラエルへの攻撃から約1年経ち、ちょうどアメリカ大統領選を控えている時点でこの文章を書いているが、ガザでの虐殺に対するアメリカの加担は、市民の絶望を強く招き続けている。そして絶望というものは、日々感じていると「無気力さ」へと繋《つな》がっていくが、まさに今のアメリカのムードは「虚無感」と「諦め」一色だ。10月に行われたニューヨーク・タイムズ紙の統計では、アメリカの民主主義は脅威にさらされていると76％の人が答えた。[*52] この「民主主義への脅威」を感じている人の中には、不法移民の流入によってアメリカの形が変わってしまうと考える保守派と、トランプの大統領当選によっていよいよ民主主義の根幹が崩壊すると考える人もいるだろう。

そしてこの文章を書いている今（2024年10月27日）、ニューヨーク・タイムズ紙は日曜日のオピニオン欄にて「ドナルド・トランプ氏は、敵を起訴し、大量強制送還を命じ、市民に対して兵士を使い、同盟国を見捨て、災害を政治的に利用する」と、一面を用いて「トランプ氏が2期目を務めた場合、何がもたらされるか」を大々的に掲載した。これはワシントン・ポスト紙とロサンゼルス・タイムズ紙が、大富豪のオーナーからの圧力により、カマラ・ハリス氏を支持する立場を撤回したことへの対応であり、「真実を伝えること」の重要性を訴え、報道の自由に対して危機的意識を抱えているジャーナリストたちによる叫びでもあるのだ。

インターネット上での情報が複雑化し、ミスインフォメーションやデマと真実の違いがどんどん見抜きづらくなっている今、さらにメディアリテラシー、そして正確かつスピードの速い情報の伝達が必要不可欠だ。そんな中で、日本のメディア情勢、そしてインターネット空間の状況を見ていると、英語で出回っている情報と日本語で翻訳されている情報の大きな乖離が日々増しているように強く感じる。良くも悪くも世界が「グローバル化」する中で、日本は留学生の数が減少するなど、海外への興味がどんどん薄れていることも問題になっている。英語で書かれた記事をデタラメな日本語翻訳で投稿してバズらせる人も、Xの「インプレッションを稼ぐことが直接的に金銭を稼ぐことにつながる」仕様の変化によって確実に増えた。クリティカルな視点を持ってメディアに接することをせず、さらに日本語に翻訳し、間違った情報を流布している人の投稿を疑わず、鵜呑みにする傾向を私は危機的に感じている。

わかりやすい情報、信じたくなる情報、白黒はっきりした情報、そういった「コンテンツ」の需要が高まる一方で、世界情勢はどんどん複雑化している。同時に、「複雑」であることが利用され、ガザのように世界に見捨てられてしまう悲劇もあとを絶たない。「難しい問題だよね」「複雑だよね」と終わらせる前に、そして実際に存在し、日々生活を送っている他国の人間の暮らしや価値観を都合よくパッケージングし、レッテルを貼る前に、理不尽であっても、わかりづらくても、理解を試みることが大切なのではないだろうか。

もちろん、日本にのみ暮らしていれば、アメリカでの政治情勢など直接的に関係ないし興味もない、と感じる人も多いだろう。そういう人に対して、無理に関心を持ってほしいと押しつけるつもりはない。しかし、執筆や講義などを重ねていくうちに、日本では特に純粋な知的好奇心や良心に基づいて、世界情勢に関心を持った人は多いと実感している。

そんな人たちが短絡的な情報に惑わされたり、「難しい問題だよね」の罠《わな》に引っかかったりしてしまうのは、あまりにももったいないことだと思う。

この本は、決してアメリカ社会が抱える問題をスパッとわかりやすく解説することを目標にしているわけではない。その分かりづらさ、複雑さ、そして流動性や矛盾こそが「アメリカらしさ」であり、その移り変わりの中で生じる権力への批判や抵抗から、市民の本質が見えてくる。あるいは、この本を読んでさらにわからなくなったことが増えたかもしれない。今まで抱いていた「当たり前」や「偏見」も崩れたかもしれない。そしてこの本が発売される頃には新たな大統領が就任し、状況も大きく変わっているだろう。しかし、根底にある「アメリカの未解決問題」――「偉大な国アメリカ」の栄光を掲げる国のリーダーと、「不安」を抱える市民の間での「矛盾」――は、きっと変わらず同じであるだろう。

註

＊1 https://www.cbsnews.com/news/exit-polls-2024-presidential-election/
＊2 https://x.com/BernieSanders/status/1854271157135941698
＊3 https://www.cnbc.com/2024/10/23/nobel-prize-winning-economists-donald-trump-agenda-endorse-harris.html
＊4 https://jp.wsj.com/articles/harris-makes-undercover-push-to-win-over-corporate-america-e02d1292
＊5 https://edition.cnn.com/2024/09/09/politics/kfile-harris-pledged-support-in-2019-to-cut-ice-funding-and-provide-transgender-surgery-to-detained-migrants/index.html
＊6 https://www.donaldjtrump.com/news/a8f53e9d-2e3b-488f-bc70-466804354426
https://youtu.be/1IH_J_48ecE?si=0Q9KLlnriSMKbo-e
＊7 https://www.thenation.com/article/politics/kamala-harris-trans-rights-platform/
＊8 https://www.newsweek.com/donald-trump-kamala-harris-arab-americans-poll-1972697
＊9 https://www.gazahealthcareletters.org/usa-letter-oct-2-2024
＊10 https://www.reuters.com/world/us/harris-walz-hold-first-joint-network-tv-interview-cnn-2024-08-29/
＊11 https://www.aljazeera.com/news/2021/3/5/harris-tells-netanyahu-that-us-opposes-icc-probe-of-

israel
＊12 https://www.timesofisrael.com/kamala-harris-has-long-embraced-jewish-ties-but-critics-take-issue-with-gaza-stance/
＊13 https://www.newsweek.com/republicans-harris-fec-arizona-turning-point-1982566
＊14 https://www.cair.com/press_releases/cair-calls-liz-cheney-an-unrepentant-torture-advocate-anti-muslim-bigot-and-warmonger/
＊15 https://www.theguardian.com/us-news/2024/nov/09/democrats-lose-michigan-arab-american-voters
＊16 https://edition.cnn.com/2024/10/26/politics/muslim-leaders-michigan-trump-endorse/index.html
＊17 https://www.nytimes.com/2023/12/28/world/middleeast/oct-7-attacks-hamas-israel-sexual-violence.html
＊18 https://news.gallup.com/poll/642695/majority-disapprove-israeli-action-gaza.aspx
＊19 https://poll.qu.edu/poll-release?releaseid=3894
＊20 https://theintercept.com/2024/01/09/newspapers-israel-palestine-bias-new-york-times/
＊21 https://www.nbcnews.com/politics/2024-election/poll-biden-trump-economy-presidential-race-rcna136834
＊22 https://www.dailycal.org/archives/struggles-of-student-homelessness-amplified-by-uc-berkeleysinaction/article_e32a729d-bee9-5e7d-ab21-e4e36c3192e6.html

https://inspire.berkeley.edu/o/basic-needs-center-ensures-no-students-go-unserved/
*23 https://www.bloomberg.com/graphics/2023-are-you-rich-best-cities-to-live-salary/
https://finance.yahoo.com/news/richer-think-surprising-number-people-150013478.html
*24 https://www.axios.com/2024/04/25/trump-biden-americans-illegal-immigration-poll
*25 https://news.gallup.com/poll/611135/immigration-surges-top-important-problem-list.aspx
*26 https://nextgenamerica.org/press/young-voters-react-to-the-biden-administrations-proposed-immigration-deal/
*27 https://www.axios.com/2019/01/27/socialism-capitalism-poll-generation-z-preference
https://www.axios.com/2019/03/10/exclusive-poll-young-americans-embracing-socialism
*28 https://money.usnews.com/money/personal-finance/spending/articles/what-is-doom-spending-and-how-can-you-avoid-it
*29 https://www.timesofisrael.com/biden-a-longtime-friend-israel-critic-of-settlements-may-be-at-odds-over-iran/
https://www.timesofisrael.com/harris-tells-jewish-supporters-biden-will-not-condition-aid-to-israel-if-elected/
*30 https://www.washingtonpost.com/dc-md-va/2023/04/13/afghan-fighters-zero-units-cia-refugees/
*31 https://www.berkeleyside.org/2024/02/27/uc-berkeley-israeli-speaker-protest
https://news.berkeley.edu/2024/02/27/upholding-our-values/

＊32 https://news.berkeley.edu/2017/02/01/yiannopoulos-event-canceled/
＊33 https://www.huffpost.com/entry/columbia-go-back-to-gaza-pro-israel-protest-sean-feuchtchristian-nationalist_n_662be69fe4b0bd041d779f73
＊34 https://www.theguardian.com/us-news/2024/apr/24/us-campus-protests-benjamin-netanyahu-ceasefire
＊35 https://www.theguardian.com/commentisfree/2024/apr/23/israel-gaza-campus-protests
＊36 https://www.columbiaspectator.com/news/2024/01/22/protesters-allegedly-sprayed-with-hazardous-chemical-at-pro-palestinian-rally-nearly-two-dozen-report/
＊37 https://www.cbsnews.com/newyork/news/the-impact-of-ending-7-day-public-library-service/
＊38 https://www.aclu.org/documents/what-school-prison-pipeline
＊39 https://www.everythingishorrible.net/p/no-protestors-dont-have-to-talk-to
＊40 https://www.washingtonpost.com/world/2024/03/06/starbucks-layoffs-gaza-boycott/
＊41 https://edition.cnn.com/2023/10/13/business/starbucks-israel-palestine-workers/index.html
＊42 https://time.com/6559293/morning-consult-israel-global-opinion/
＊43 https://www.youtube.com/watch?v=QvGkKKemIDk
＊44 https://opendoorsdata.org/data/international-students/enrollment-trends/
＊45 https://ajpaction.org/press_release_the_gaza_vote/
＊46 https://reutersinstitute.politics.ox.ac.uk/women-and-leadership-news-media-2023-evidence-12-

markets
https://reutersinstitute.politics.ox.ac.uk/women-and-leadership-news-media-2024-evidence-12-markets
*47 https://www.cbsnews.com/news/suffs-hillary-clinton-malala-yousafzai-on-broadway-musical-about-suffragists/
https://thehill.com/blogs/blog-briefing-room/4619597-malala-yousafzai-confirms-support-for-palestine-after-backlash-over-musical-with-hillary-clinton/
*48 https://web.archive.org/web/20200816001336/https://www.govtrack.us/congress/members/kamala_harris/412678/report-card/2019
*49 https://www.sipri.org/sites/default/files/2024-03/fs_2403_at_2023.pdf
*50 https://www.scribd.com/document/740568401/Cbsnews-20240609-SUN-NAT#1fullscreen=1
*51 https://watson.brown.edu/costsofwar/costs/human/civilians
*52 https://www.nytimes.com/2024/10/27/us/politics/american-democracy-poll.html
（ＵＲＬは２０２４年11月閲覧）

竹田ダニエル（たけだ だにえる）
ジャーナリスト、研究者。一九九七年生まれ。米国・カリフォルニア出身、在住。カリフォルニア大学バークレー校研究員。著書に『世界と私のAtoZ』『ニューワード ニューワールド』ほか。

三牧聖子（みまき せいこ）
同志社大学大学院准教授。一九八一年生まれ。専門は米国政治外交史。著書に『Z世代のアメリカ』、共著に『私たちが声を上げるとき』『自壊する欧米』等がある。

アメリカの未《み》解《かい》決《けつ》問《もん》題《だい》

集英社新書一二四七A
二〇二五年一月二二日 第一刷発行
著者……竹田《たけだ》ダニエル／三牧聖子《みまきせいこ》
発行者……樋口尚也
発行所……株式会社集英社
東京都千代田区一ツ橋二-五-一〇 郵便番号一〇一-八〇五〇
電話 〇三-三二三〇-六三九一（編集部）
〇三-三二三〇-六〇八〇（読者係）
〇三-三二三〇-六三九三（販売部）書店専用
装幀……原 研哉
印刷所……TOPPAN株式会社
製本所……加藤製本株式会社
定価はカバーに表示してあります。

ISBN 978-4-08-721347-8 C0231
Printed in Japan

a pilot of wisdom

a pilot of wisdom

集英社新書　好評既刊

崩壊する日本の公教育
鈴木大裕　1235-E
政治が教育へ介入した結果、教育のマニュアル化と市場化等が進んだ。米国の惨状を例に教育改悪に警告。

その医療情報は本当か
田近亜蘭　1236-I
広告や健康食品の表示など、数字や言葉に惑わされない医療情報の見極め方を京大医学博士が徹底解説する。

石橋湛山を語る　いまよみがえる保守本流の真髄
田中秀征／佐高 信　1237-A
岸信介・清和会とは一線を画す保守本流の政治家、石橋湛山を通じて、日本に必要な保守主義を考える。

荒木飛呂彦の新・漫画術　悪役の作り方
荒木飛呂彦　1238-F
『ジョジョの奇妙な冒険』等で登場する名悪役たちはなぜ魅力的なのか？　創作の「企業秘密」を深掘りする。

遊びと利他
北村匡平　1239-B
公園にも広がる効率化・管理化の流れに、どう抗えばよいのか？「利他」と「場所づくり」をヒントに考察。

ユーミンの歌声はなぜ心を揺さぶるのか　語り継ぎたい最高の歌い手たち
武部聡志　取材・構成／門間雄介　1240-H
日本で一番多くの歌い手と共演した著者が、吉田拓郎や松田聖子といった優れた歌い手の魅力の本質に迫る。

プーチンに勝った主婦　マリーナ・リトビネンコの闘いの記録
小倉孝保　1241-N〈ノンフィクション〉
プーチンが夫を殺したのか？　真相を追い求める妻に英国やロシアが立ちはだかる。構想十二年の大作。

ヘーゲル(再)入門
川瀬和也　1242-C
主著『精神現象学』や『大論理学』を解読しつつ、「流動性」をキーワードに新たなヘーゲル像を提示する。

東京裏返し　都心・再開発編
吉見俊哉　1243-B
再開発が進む東京都心南部。その裏側を掘り起こす、七日間の社会学的街歩きガイド。

わたしの神聖なる女友だち
四方田犬彦　1244-B
昭和の大女優、世界的な革命家、学者、作家、漫画家など、各領域で先駆者として生きた女性の貴重な記録。

既刊情報の詳細は集英社新書のホームページへ
https://shinsho.shueisha.co.jp/

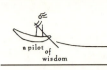